LA COLONISATION

DE

MADAGASCAR

SOUS LOUIS XV

D'APRÈS

LA CORRESPONDANCE INÉDITE DU COMTE DE MAUDAVE

PAR

H. POUGET DE St ANDRÉ

PARIS

CHALLAMEL AINÉ, ÉDITEUR

LIBRAIRIE COLONIALE

5, RUE JACOB, ET RUE FURSTENBERG, 2

1886

LA COLONISATION

DE

MADAGASCAR

SOUS LOUIS XV

Typographie Firmin-Didot. — Mesnil (Eure).

LA COLONISATION

DE

MADAGASCAR

SOUS LOUIS XV

D'APRÈS

LA CORRESPONDANCE INÉDITE DU COMTE DE MAUDAVE

PAR

H. POUGET DE Sᵀ ANDRÉ

* * *

PARIS

CHALLAMEL AÎNÉ, ÉDITEUR

LIBRAIRIE COLONIALE

5, RUE JACOB, ET RUE FURSTENBERG, 2

1886

LA COLONISATION

DE

MADAGASCAR

SOUS LOUIS XV.

CHAPITRE Ier.

Des événements récents ont appelé l'attention publique sur Madagascar. Un nombre considérable d'ouvrages ont déjà paru en faveur de la colonisation de la grande île africaine. Nous pensons néanmoins que l'on accueillera avec intérêt des documents inédits sur ce sujet.

Personne n'a encore donné de détails sur l'établissement fondé en 1768 à Fort-Dauphin par le comte de Maudave. C'est pourtant une période intéressante de l'histoire de Madagascar.

Il est curieux d'étudier les résultats obtenus par cet officier, avec cinquante hommes seulement, sans argent et sans secours d'aucune sorte.

Si le ministère Choiseul, trompé par de faux rapports, n'avait pas rappelé M. de Maudave, il est très probable que l'île de Madagascar tout entière serait alors devenue française. « Par l'exécution de son plan, nous serions établis d'une manière immuable à Madagascar (1). » Les rapports et les mémoires de Maudave occupent une place considérable dans les archives du ministère de la marine (2). Des papiers de famille nous ont permis de compléter ces documents. Indépendamment de l'intérêt historique que présente cette correspondance, on y trouvera une foule de renseignements utiles. Malgré les modifications survenues en Europe et en Afrique depuis un siècle, le plus grand nombre des observations de Maudave ont encore de l'actualité.

(1) Ackermann, *Révolutions de Madagascar*.
(2) Archives coloniales, *Madagascar*, années 1767 à 1770. On écrit indifféremment Modave ou Maudave.

Avant d'entrer dans le récit des événements, il est nécessaire de donner quelques détails sur le personnage qui y joue le principal rôle.

Louis-Laurent de Féderbe, comte de Maudave, naquit en 1725 au château du Fayet (près Grenoble), d'une ancienne famille alliée aux Polignac, aux d'Harcourt, etc. (1). Remarquablement intelligent, Maudave avait un caractère remuant et aventureux; dès l'âge de quinze ans, il prit la carrière des armes et fit presque toutes les campagnes de 1740 à 1756. Aide de camp du prince de Conti, blessé plusieurs fois, il fut décoré de l'ordre de Saint-Louis pour sa brillante conduite au siège de Mahon. Des aventures romanesques lui firent quitter la France pendant quelques mois, et accompagner le prince

(1) La famille de Maudave était illustre en Belgique dès le quatorzième siècle. La dernière descendante des comtes de Maudave épousa, vers 1665, le chevalier de Féderbe, ambassadeur en Suisse, qui obtint l'autorisation de joindre à son nom celui de Maudave. (Voir l'article du Dr Fremder dans le *Magasin pittoresque* de 1860, tome XXVIII.)

de Wurtemberg en qualité de chambellan dans plusieurs cours d'Europe.

En 1756, il partit pour l'Inde avec Lally. On se souvient que la petite armée française accomplit des prodiges de valeur, rendus inutiles par l'incapacité de Lally (1). Pour ne citer qu'un fait, le marquis de Bussy, avec 800 Français et 3,000 cipayes, traversa cent lieues de pays ennemi, et battit trois armées d'environ 100,000 hommes chacune (2). Il n'est que juste de rappeler à l'admiration publique les noms des principaux auteurs de ces faits d'armes, MM. de Crillon, de Landivisiau, d'Estaing, de Soupire, de Breteuil, de Maudave, etc. Nommé colonel peu après son arrivée, Maudave se distingua à la prise du fort Saint-David, et s'empara de la

(1) Maudave juge sévèrement Lally dans sa correspondance. Non pas qu'il l'accuse de trahison, mais de légèreté, de maladresse et de négligence. Il affirme que le soleil de l'Inde avait égaré la raison de ce malheureux officier, qui paya si cher son insuccès. C'est d'ailleurs l'avis de Voltaire dans ses *Fragments sur l'Inde.*

(2) Ces chiffres sont ceux de la *Biographie de Michaud;* voir l'article *Leyrit.*

ville de Sadras (1). Entre deux batailles, il
trouva le temps d'épouser Mlle Porcher de
Soulches, fille du gouverneur de Karikal (1758).
Ce mariage, qui lui donna une fortune très considérable, mit fin à une jeunesse orageuse.

Rappelé en France l'année suivante, le jeune
colonel n'assista pas à la prise de nos colonies
indiennes par les Anglais. Les propriétés de
M. Porcher de Soulches furent alors brûlées et
pillées, et Maudave se trouva de nouveau dans
une position de fortune modeste. Il demanda
aussitôt à être renvoyé dans l'Inde. Il reçut, au
lieu d'un régiment, qui lui aurait été plus utile,
le pouvoir suivant : « M. de Maudave est autorisé à susciter aux Anglais le plus d'ennemis
et d'embarras qu'il lui sera possible... (2). Il
est en droit d'exiger de tous les sujets du roi
propres à la guerre de se joindre à lui pour

(1) Voir la correspondance de Lally et de Leyrit, les
mémoires de Landivisiau, de Soupire, etc.

(2) Ce pouvoir étant fort long, nous n'en donnons
que les passages importants. Il en sera de même pour les
mémoires, rapports et lettres, que nous publierons dans
ce volume.

recommencer les hostilités contre les ennemis du roi... Les gens de guerre de tout grade devront exécuter ce qui leur sera ordonné par M. de Maudave... »

Mais aucune somme d'argent n'était jointe à cette commission. « Outre les difficultés qui naissaient du fond de l'entreprise, j'avais, dit-il dans ses rapports, à lutter contre la mauvaise volonté de la plupart de mes compatriotes. » Maudave réussit pourtant, à force de diplomatie, à armer contre l'Angleterre le roi de Maduré et d'autres princes indiens. Il mit ainsi nos ennemis dans un terrible embarras (1). Le général Lawrence, qui les commandait, osa déclarer que les Français pris les armes à la main seraient pendus. Mais cette menace ne lui réussit pas : après avoir investi la ville de Maduré, il fut obligé de lever le siège et de battre en retraite. Ce succès de Maudave releva dans l'Inde le prestige de la France.

Mais la fin de la guerre de Sept ans rendit

(1) Archives coloniales, *Indes*, 1761 à 1764. Voir aussi Marchand, *Précis des sièges de Maduré*.

inutile la mission du jeune colonel. Il partit
pour l'île de France, où, avec les débris de sa
fortune, il acheta des propriétés. De là il fit
un voyage d'exploration à Madagascar. Frappé
des richesses prodigieuses de ce beau pays,
il conçut le projet d'entreprendre la conquête de
la grande île africaine.

On verra, dans le chapitre suivant, comment
il fut chargé par le duc de Praslin d'aller reprendre possession du Fort-Dauphin.

Deux ans plus tard, la jalousie et les faux
rapports du gouverneur de l'île de France devaient faire abandonner la nouvelle colonie. A
son retour, Maudave trouva ses propriétés de
l'île de France incendiées. C'était la seconde
fois qu'il perdait sa fortune. De plus, il avait
espéré attacher son nom à la conquête de Madagascar, et il voyait toutes ses espérances dé-
çues. Il semblait, ainsi qu'il l'a fait remarquer
plusieurs fois, qu'une mauvaise étoile se fût
obstinée à contrarier toutes ses entreprises.

Un autre se serait laissé aller au découra-
gement, ou se serait reposé après cinquante

années si bien remplies. Mais Maudave n'é-
tait pas homme à rester dans l'inaction. Dès
qu'il a perdu tout espoir de recommencer une
expédition à Madagascar, il conçoit un dessein d'une audace incroyable : il va demander
à l'empereur mogol le commandement d'une
armée, pour chasser les Anglais de l'Inde.
Accompagné de deux ou trois amis et de quelques serviteurs, il traverse plusieurs centaines
de lieues, au milieu de populations souvent
hostiles. La fortune paraît d'abord lui sourire.
L'empereur, qui l'avait connu autrefois, l'ac-
cueille avec bienveillance et lui promet une armée. Maudave profite de ces bonnes dispositions pour lui faire signer une lettre où
l'empereur demande à Louis XVI l'alliance et
le protectorat de la France.

Mais tout à coup la mauvaise étoile de Maudave reparaît. Le Grand Mogol meurt subi-
tement. Son successeur ne tient aucune de ses
promesses; suivant le conseil de ses courti-
sans, il donne à Maudave un commandement sans importance. Celui-ci, placé sous les

ordres de Madec, aventurier français parvenu au grade de général en chef des armées mogoles, est soigneusement tenu à l'écart et ne reçoit rien des appointements considérables qui lui étaient dus (1). Au bout de six mois, Madec lui offre en paiement la propriété de deux mille cipayes. Maudave accepte, pour ne plus dépendre de personne, et, se souvenant des exploits du marquis de Bussy, il se met à combiner des plans de campagne. Alors Madec se ravise, craignant de le voir remporter trop de succès; il déclare que l'empereur s'oppose à l'arrangement convenu et ne veut se dessaisir d'aucune fraction de ses troupes. Profondément découragé, Maudave quitte l'armée mogole et va mourir de la fièvre à Mazulipatam (1778).

Il laissait trois filles, dont l'une épousa le colonel Pouget de Saint-André, la seconde l'amiral Morard de Galles, la troisième M. de Lamartellière.

(1) 6,800 francs par mois.

Maudave était fort instruit et écrivait remarquablement bien. Ce qui reste de sa correspondance remplirait aisément quinze volumes. Il est l'auteur d'un *Journal de Madagascar* dont nous parlerons dans la suite, d'un *Voyage aux Indes orientales,* d'un *Voyage à la cour du Grand Mogol* (1), d'un volume *sur l'Inde* (2) et de très nombreux mémoires (3).

On a également de lui une traduction (4) de l'*Histoire de Philippe V,* écrite en espagnol par le marquis de Saint-Philippe.

Son style est facile et élégant. Maudave avait de l'esprit et beaucoup d'imagination. Si l'on songe qu'il est entré au service à l'âge de quinze ans, on s'étonne que son éducation ait pu être si soignée.

---

(1) Ces ouvrages sont entre nos mains. Maudave avait le projet de les faire imprimer à son retour en France. La mort l'en empêcha.

(2) Bibliothèque du muséum d'histoire naturelle.

(3) Sur le Brésil, le Paraguay, l'île de Ceylan, etc., etc. Un mémoire sur les *Kimos* a été publié par l'abbé Rochon dans son *Voyage à Madagascar.*

(4) Imprimée en 1756.

« Personne n'était plus aimable, écrit l'un de ses contemporains (1), et plus généralement aimé. Sa conversation avait toujours, pour les hommes dignes de l'entendre, les charmes de la nouveauté. Il avait parcouru toute l'Europe; il avait vu avec fruit; il avait connu tous les hommes célèbres de son temps; il était inépuisable à raconter et encore plus intéressant à écouter. »

Travailleur infatigable, aussi habile administrateur que bon officier, d'une rare délicatesse de sentiments, Maudave a consacré sa vie au service de son pays. Il ne lui a manqué qu'un peu de chance pour arriver à la gloire.

(1) Auteur anonyme d'une notice manuscrite.

CHAPITRE II.

On sait que les tentatives de colonisation faites à Madagascar au dix-septième siècle aboutirent au massacre des colons en 1672. Louis XIV et Louis XV rendirent des édits pour réunir Madagascar au domaine de la couronne; mais aucune expédition ne fut alors tentée pour en reprendre possession.

La perte de nos colonies, par le traité de Paris en 1763, fit souvenir des droits que la France avait sur Madagascar. Il était urgent de trouver des compensations aux pertes que nous avions subies. M. de Maudave était alors un des rares officiers qui eussent exploré une partie de la grande île africaine. En outre, « il avait étudié avec une scrupuleuse attention les causes de nos échecs antérieurs (1). » Convaincu des immenses avan-

(1) Pauliat, *Madagascar.*

tages que présenterait pour la France la conquête de Madagascar, il rêvait d'attacher son nom à cette grande entreprise.

La colonie de l'île de France le députa, à la fin de l'année 1766, pour aller demander des secours à Paris. Lorsqu'il y arriva, les dispositions du ministre de la marine étaient déjà prises. Mais le duc de Praslin, ancien ami de son père (1), reçut Maudave avec de grandes protestations d'amitié. Celui-ci en profita pour exposer au ministre ses idées sur Madagascar et lui proposer d'y fonder un établissement. Le duc de Praslin lui accorda plusieurs audiences et l'invita à rédiger un rapport sur ce sujet. En voici les principaux extraits (2) :

« ... Je me flatte que Monseigneur est

(1) Le père de M. de Maudave était colonel du régiment de Nivernais.

(2) Les rapports et la correspondance de Maudave sont entièrement inédits. M. Rochon a publié, il est vrai dans son *Voyage à Madagascar* (1761), un mémoire de Maudave exposant les avantages d'un établissement dans cette île, mais nous n'avons trouvé nulle part cet écrit, dont le style est d'ailleurs fort négligé.

La plupart de ces rapports sont dans les archives du

intimement persuadé de la nécessité de jeter les fondements d'un puissant établissement à Madagascar. Les îles de France et Bourbon, séparées de cet objet, ne sont qu'une occasion de dépense pour le gouvernement, sans utilité pour le commerce du royaume. Les frais que coûteront les troupes nécessaires pour les défendre, les fortifications qu'il faudra élever dans la première, etc., seront en pure perte, car en isolant ces deux îles il est impossible de les conserver... D'un autre côté, l'île de France est le rempart de Madagascar. Par conséquent le succès du projet demande que cette île soit mise en état de défense... (1).

« Jamais entreprise ne coûta moins à tenter et n'offrit plus d'avantages. Le pays est remarquablement fertile, surtout au point de vue de la culture des grains, qu'il produirait aussi avantageusement, et avec autant de variété

ministère de la marine. Le plus important se trouve parmi nos papiers de famille.

(1) Il est curieux de noter que le gendre de Maudave, le colonel Pouget de Saint-André, fut précisément directeur des fortifications de l'île de France.

dans les espèces, que telle autre terre que
ce soit. La colonie pourvoirait elle-même
à cette partie essentielle de sa subsistance.
Elle serait de plus en état d'en exporter
la quantité nécessaire à l'approvisionne-
ment de l'île de France et de nos comptoirs
des Indes. Nos vaisseaux trouveraient dans
ses ports les farines et les biscuits dont ils
auraient besoin.

« Les troupeaux de toute sorte se multiplient aisément, presque sans soins; ils sont
déjà très nombreux. Cette multiplication serait
l'objet d'un très grand commerce.

« Les salaisons y réussissent très bien. La
vente des cuirs et des suifs augmenterait
encore le produit de ce négoce. La compagnie
dont Flacourt était administrateur couvrait
ses dépenses par le seul débit des cuirs.

« Le chanvre croît naturellement partout; il
est de la même qualité que celui de France.
On pourrait donc fabriquer des corderies de
toutes espèces et des toiles de toutes les fa-
çons, objets d'une consommation immense

pour la seule fourniture de la marine des Indes, où les cordages et les toiles à voiles sont à un si haut prix.

« Les cannes à sucre, le coton, l'indigo, la soie, la cire, se trouvent en abondance dans le pays. Ces richesses sont perdues pour la plupart; il ne tiendra qu'aux colons d'en faire usage.

« L'un des premiers travaux dont il faudra s'occuper, c'est la construction de quelques forges. Les frais en seraient moindres que partout ailleurs. Le fer se trouve ici dans la plus grande abondance et de la meilleure qualité. Un objet qui ne doit pas être négligé, c'est la pêche de la baleine et des autres poissons propres à donner de l'huile. Les côtes en fourmillent.

« Je ne connais pas assez le règne minéral de cette île pour entrer à ce sujet dans une longue énumération. On sait pourtant, à n'en pas douter, qu'il y a des mines d'or dans les environs du Fort-Dauphin. On m'a montré une montagne d'où les Portugais en ont autrefois tiré. Les gens du pays en ont une si grande quantité, qu'il faut bien que leurs montagnes leur en fournissent, car il n'est pas croyable qu'il soit le fruit de leur commerce avec les étrangers.

« La base de notre projet doit être de ne présenter l'esclavage sous aucune forme aux habitants du pays. Aussi l'usage où nous sommes de traiter des esclaves doit être aboli. Et il est à propos que je sois autorisé à empêcher les vaisseaux qui abordent dans l'île de continuer leur négoce (1). Notre police interdit les mariages de sang mêlé (2). Ce principe est bon dans une colonie où la population est divisée en deux classes, les maîtres et les esclaves. Mais le nouvel établissement est dans un cas tout différent. Il s'agit de policer un peuple libre et

(1) Un grand nombre d'officiers faisaient alors pour leur compte la traite des nègres. (Archives coloniales, *Madagascar*, 1768.) Tant que Maudave fut gouverneur de Fort-Dauphin, il interdit sévèrement ce commerce.

(2) Cette loi existait en effet au siècle dernier. Mais en pratique elle était souvent éludée.

de nous l'incorporer en quelque sorte. La liberté indéfinie des mariages est un excellent moyen d'y parvenir. Qu'importe d'ailleurs à l'État que l'épouse d'un forgeron ou d'un charpentier, dans une île aussi éloignée de la France, soit blanche ou noire?...

« Les femmes de Madagascar ont, comme par toute la terre, une suprême influence sur les esprits. Nous voyons, dans les anciennes relations, que les brigands envoyés dans cette île par M. le maréchal de la Meilleraye ne s'y soutinrent si longtemps, malgré leur cruelle rapacité, que par l'appui de quelques alliances semblables à celles que nous proposons.

« Les femmes de cette île sont capables de tendresse et d'attachement. On en trouve de toutes couleurs et même de blanches. La plupart des créoles de Bourbon ont une origine madécasse (1).

« Ce qu'il y a de plus pressé sera de faire passer à Madagascar des ouvriers et des ar-

(1) M. de Maudave veut sans doute parler de la population de couleur.

tisans de toute sorte. Il n'est pas nécessaire que le roi les prenne à son service, en leur procurant le passage sur les vaisseaux de la compagnie. Il s'en présentera en foule pour l'île de France, et, les ressources de travail et de fortune étant sans comparaison plus abondantes à Madagascar, ils s'y rendront volontiers.

« On pourra bientôt substituer aux matelots français des nègres de l'île, qui ont assez de penchant pour la navigation, et qui s'offriront en foule pour servir sur nos vaisseaux, quand ils auront l'assurance d'y être bien traités et de revenir dans leur pays.

« C'est par l'exemple et par les mœurs, c'est par l'influence de la religion et de la supériorité de notre police, que nous devons étendre nos progrès. La société est toute formée. Nous ne devons songer qu'à nous mettre à sa tête et à la diriger suivant nos vues et nos intérêts. Le germe de tous les métiers et des arts les plus nécessaires existe parmi les Madécasses. Il ne faut que le développer.

« M. de Flacourt affirme dans ses relations que les Madécasses montraient une grande propension à embrasser le christianisme. C'est un grand attrait pour nous les concilier. Il serait donc à propos d'envoyer avec moi trois ou quatre ecclésiastiques jeunes, savants, modérés, qui eussent de l'esprit et de bonnes intentions, pour étendre par la puissance de la parole notre domination sur les Madécasses.

« On ne peut cesser de le répéter, ce qui donne une juste espérance de profiter de cette contrée, c'est la facilité qu'on trouvera à civiliser les peuples qui l'habitent.

« Les succès des Anglais dans les Indes ont influé sur leur situation en Europe; peut-être que la dette nationale les aurait écrasés, sans les secours qu'ils ont tirés de Surate et du Bengale.

« Nous aurons des succès moins brillants, mais plus réels et plus solides. Je prédis qu'a vant cinq ans l'établissement de Madagascar consommera dix cargaisons, ou huit mille tonneaux de marchandises du royaume, qu'il paiera de l'industrie des Madécasses.

« Jamais entreprise ne coûta moins à tenter. Il n'est besoin ni de moyens ni de fonds extraordinaires. Tout doit s'exécuter de l'île de France. Ce n'est qu'un léger déplacement. Il est absolument indifférent de payer deux ou trois mille hommes dans cette colonie ou à Madagascar.

« Je propose de partir par les premiers vaisseaux. Je serai à l'île de France en avril, et à Madagascar en juillet. Quand on recevra en France les premiers avis de mon arrivée, l'établissement sera formé, le Fort-Dauphin nettoyé et occupé, des maisons bâties.

« Il est important de prescrire à l'île de France un profond secret sur ce dessein. On le cachera sous le prétexte de faciliter les traites. L'établissement étendra ses racines dans l'intérieur avant qu'on ait pénétré le mystère (1).

« J'ai ouï dire que feu M. le maréchal de

(1) Maudave prévoyait déjà la future rivalité de la France et de l'Angleterre à Madagascar.

Saxe avait eu cette idée pour lui-même. Je l'ai conçue pour ma patrie, et je demande que l'exécution m'en soit confiée, prêt à y employer mes soins, mon zèle, ma bonne volonté, et ma vie même, s'il le faut. Ceci n'est point une façon de parler : je m'engagerai volontiers à ne quitter l'île que lorsque l'établissement sera dans sa force et sa splendeur.

« Le succès de ce projet illustrera le ministère de M. le duc de Praslin jusqu'à la postérité la plus reculée. C'est le plus important service qu'il puisse rendre à l'État. Il va réparer toutes nos pertes en Asie et en Amérique, assurer du même coup notre commerce des Indes, et se mettre en situation de prendre un jour la revanche la plus terrible et la plus complète de nos ennemis. »

A ce mémoire était jointe la pièce suivante :

État de ce qui est nécessaire pour la formation d'un établissement à Madagascar.

« Les bâtiments qu'il faudra faire pour le roi

consistent en une petite église, la maison du gouverneur, la salle d'armes, le magasin à poudre, deux magasins, un corps de caserne, deux pavillons pour loger les officiers et les employés, un hôpital et une prison. Je prie M. le duc de Praslin d'observer que, dans la forêt que j'ai fait défricher à l'île de France, j'ai fait avec mes seuls ouvriers noirs, sous la conduite d'un maître charpentier français, des ouvrages aussi nombreux et aussi grands que ceux que je propose ici. Les noirs du pays couperont les bois nécessaires et les apporteront au Fort-Dauphin. Il n'en coûtera qu'un léger présent au chef du pays et quelques barriques d'eau-de-vie aux noirs. Mais il serait à propos de joindre 25 ouvriers aux soldats que j'ai demandés.

« Troupes :

200 soldats;
10 canonniers;
16 sergents;
4 capitaines;

4 lieutenants;

un major;

un aide-major.

« Artillerie :

deux pièces de 24;

deux pièces de 8 ;

quatre pièces à minute ;

six petits mortiers de 6 pouces.

« Employés :

un commis du trésorier ;

un garde-magasin;

en outre, un commis pour chacun d'eux.

« On estime leurs appointements à 3,600 fr.

« Hôpital :

un chirurgien-major;

un aide;

un infirmier;

un apothicaire;

un aide;

un garçon.

« Leurs appointements sont évalués à 4,200 francs. »

Ces demandes de M. de Maudave étaient bien modérées. On verra pourtant, dans la suite, qu'on ne lui en accorda pas la moitié.

Le rapport dont nous venons de donner des extraits fit impression sur le duc de Praslin. Il eut plusieurs entretiens avec Maudave, et fut frappé de son intelligence et de la justesse de ses idées. Le jeune colonel avait d'ailleurs le don de la persuasion; il ne tarda pas à faire approuver ses vues par le ministre. Il insista sur les avantages d'un établissement purement commercial. « Son système, a dit M. Lacaille (1), renonçant à l'occupation militaire, était basé sur le travail libre, et avait pour but une colonie agricole dont le seul objet devait être le commerce. »

Maudave pensait avec raison que la force est un mauvais moyen de colonisation. C'est par la persuasion et la patience qu'on réussit

(1) Lacaille, *Connaissance de Madagascar.*

le mieux à civiliser les peuples et à se les as-
similer. — La politique actuelle des Russes en
Asie en est la preuve.

Ces projets de conquête pacifique rentraient
tout à fait dans les vues du ministère Choiseul. Les finances de l'État étaient embarras-
sées, et un officier se contentant d'un crédit de
60,000 francs, pour une expédition d'une pareille importance, devait être bien accueilli.

Au commencement de l'année 1768, Maudave fut autorisé à aller reprendre possession
de Fort-Dauphin et reçut le titre de « commandant pour le roi dans l'île de Madagascar ».

Il partit pour l'île de France, dont les administrateurs devaient lui donner des troupes.
Il était convenu que le duc de Praslin lui ferait expédier, aussitôt après son départ, une
quantité considérable de marchandises de
traite, puis des colons et de l'argent. On verra
dans la suite comment ces promesses furent
tenues.

CHAPITRE III.

Les préliminaires de la fondation de la colonie sont racontés, mieux que nous ne saurions le faire, dans les lettres suivantes de M. de Maudave au duc de Praslin.

« Ile de France, 5 août 1768

« Monseigneur,

« Je suis débarqué dans cette île le 14 juillet, après une traversée de cent trente-quatre jours.

« Les accidents et les maladies ont rendu notre voyage fort long ; un scorbut affreux a tourmenté notre équipage ; des coups de vent, des orages et d'autres événements ont augmenté nos embarras, et nous avons jeté dix ou douze hommes à la mer...

2.

« M. Dumas (1) approuve le plan que j'ai pris la liberté de vous présenter et que vous avez adopté. Pourtant, son opinion n'est pas de faire l'établissement principal au Fort-Dauphin. Le motif de cette opinion est la facilité pour les Anglais, qui relâchent à la baie Saint-Augustin, d'être instruits de nos progrès par les communications fréquentes que les peuples des environs du Fort-Dauphin ont, dit-on, avec ceux de la baie Saint-Augustin. Je vérifierai sur les lieux si cette crainte est fondée...

« Mais une raison décisive et péremptoire, qui conclut en faveur de l'établissement à Fort-Dauphin, est la salubrité de l'air. Les autres parties de la côte de l'est en remontant vers le nord sont sujettes à des intempéries destructives, terribles, et trop fréquentes...

« En outre, on trouvera dans cette partie de l'île plus de facilités à s'établir, plus de ressources et de richesses territoriales...

« M. Poivre (2), qui a visité et examiné cette

(1) Administrateur des îles de France et Bourbon.
(2) Intendant des îles de France et Bourbon.

portion de la côte, adopte toutes mes vues.

« Je vais partir incessamment pour le Fort-Dauphin avec armes et bagages, dans la résolution d'y rester, si je trouve des motifs capables de me décider. Dans le cas contraire, je reviendrai rendre compte à M. Dumas des découvertes que j'aurai faites, et concerter avec lui le point définitif où nous nous établirons.

« Pendant ce temps, M. le chevalier de Grenier, avec sa frégate, s'occupera à parcourir la côte depuis le Fort-Dauphin jusqu'à la baie d'Antongil. Je trouverai dans les îles de France et Bourbon bien des ressources, qui consistent surtout en un grand nombre d'émigrants qui débarrasseront ces deux îles et pourront être employés utilement à Madagascar... (1).

« M. de Saint-Pierre (2), que vous m'avez donné pour ingénieur, ne paraît pas disposé à

(1) Cette émigration serait plus nombreuse de nos jours qu'à l'époque où M. de Maudave écrivait. La plupart des colons de ces deux îles sont, en effet, ruinés par la crise actuelle sur les sucres.

(2) C'est de Bernardin de Saint-Pierre qu'il s'agit.

venir à Madagascar. M. Dumas a quelque envie de le retenir à l'île de France, où en effet il peut être plus utile qu'à Madagascar. J'ignore le motif de son dégoût. Ce que je sais, c'est que son exemple n'est pas contagieux et que tous ceux que vous avez désignés pour me suivre s'y portent avec le plus grand empressement. J'ai d'ailleurs conservé assez d'idées de fortifications pour suppléer au défaut de cet ingénieur... (1). »

« Ile de France, 6 août.

« Monseigneur,

« M. Dumas m'a confié un piquet de cinquante hommes, destinés uniquement à mon escorte. J'emmène avec moi une vingtaine de personnes dont j'emploierai les plus éclairées à battre et à reconnaître le pays.

« Je compte pousser mes recherches à l'intérieur jusqu'à quatre-vingts lieues au nord du

(1) La fin de la lettre n'est pas intéressante.

Fort-Dauphin, à peu près vers la rivière de Mananzari. C'est la partie de l'île la mieux cultivée et la mieux policée. C'est de là que les noirs qui traitent avec nous à Foulepointe tirent les objets de leur négoce. J'y laisserai un petit détachement, sous les ordres de M. de la Marche. Je reconnaîtrai moi-même tous les environs, à douze ou quinze lieues à la ronde. Je ferai inviter les chefs des palissades (1), même les plus éloignés, à se rendre auprès de moi. Je leur expliquerai combien l'établissement que nous projetons de faire leur est avantageux. Je leur parlerai des ressources qu'ils tireront d'un commerce assidu avec les Français...

« S'il vous plaît de me faire envoyer trois cents ouvriers ou gens de bonne volonté, et pour 500,000 francs de marchandises de traite, telles que fusils, poudre, balles, pierres, couteaux, miroirs, etc., j'en retirerai les plus grands fruits. Ces effets seront échangés contre

(1) On appelait ainsi les villages malgaches, parce qu'ils étaient entourés de palissades.

les produits de l'île, et le roi sera remboursé immédiatement de cette avance.

« L'île de France n'est pas en état de me fournir le nombre de soldats qui me sont nécessaires. Il serait à propos d'y faire passer quelques compagnies de plus, afin que j'en puisse tirer 250 à 300 soldats...

« Aussitôt que j'aurai un réduit à l'abri des injures de l'air, j'y transporterai ma femme et ce qui me reste de ma famille, pour montrer aux gens du pays que c'est réellement et à bon escient que nous voulons nous fixer parmi eux.

« Je leur ferai sentir, par la médiocrité des forces militaires qui m'environnent, que les principes humains et bienfaisants seront seuls la base de ma conduite...

« Recevez, Monseigneur, etc. »

CHAPITRE IV.

M. de Maudave débarqua à Fort-Dauphin le 5 septembre 1768, avec cinquante hommes seulement et quelques amis, le comte de la Marche, MM. de Poilly, de Mareuil, de Valgny, de la Coulonnerie, de Linetot, etc. Bernardin de Saint-Pierre devait d'abord l'y rejoindre, mais une circonstance puérile les brouilla (1).

(1) Bernardin de Saint-Pierre et Maudave avaient fait ensemble la traversée de Lorient à l'île de France. Ils passaient d'abord une partie de leurs journées à causer et à discuter sur le pont du vaisseau. Les officiers faisaient souvent cercle autour d'eux, et écoutaient ces deux hommes dont la conversation était toujours intéressante et instructive. Un jour, on se met à causer physique. Maudave affirme qu'il est facile d'enflammer de la poudre à canon au moyen d'une lentille de verre, à travers laquelle passerait un rayon de soleil. Bernardin de Saint-Pierre s'écrie que c'est absurde, et, mettant une grosse pincée de poudre dans le creux de sa main, il défie Maudave de l'enflammer par ce moyen. L'expérience est

Fort-Dauphin est situé au sud-est de Madagascar, à l'extrémité d'une petite presqu'île (par 25 degrés de latitude sud).

Les côtes présentent alternativement des plages sablonneuses et d'énormes rochers que les navigateurs comparent dans leurs récits à des ruines monumentales. Une épaisse forêt (1) s'avance jusqu'au bord de la rade de Fort-Dauphin, où les vaisseaux trouvent un assez bon mouillage (2). La brise de mer, généralement assez forte, tempère l'ardeur du soleil et refoule dans l'intérieur de l'île les émanations

faite, la poudre prend feu et brûle légèrement la main de l'illustre écrivain, à la grande hilarité des officiers présents. Bernardin de Saint-Pierre avait un caractère susceptible et ombrageux; il en voulut toujours à Maudave d'avoir fait rire à ses dépens.

(1) Nous n'avons pas eu de détails récents sur le Fort-Dauphin. Il est possible que la forêt ne s'étende plus jusqu'à la mer, car on a déboisé une partie de l'île depuis cinquante ans.

(2) Cette rade a pourtant l'inconvénient de ne pas être parfaitement abritée. La baie des Galions, à l'ouest du fort, dans laquelle se déverse l'étang de Fanzahir, lui serait préférable, sans les récifs qui s'y trouvent à fleur d'eau.

des marécages, d'ailleurs assez éloignés. Aussi Fort-Dauphin est l'un des points de la côte les moins malsains. Le climat y est fort agréable : la température oscille entre 15 et 29 degrés centigrades. Une source fournit une eau excellente. La mer est agitée le jour et calme la nuit. Un violent courant du nord au sud gênait beaucoup les navigateurs avant l'invention de la vapeur.

Cette partie de l'île est d'une grande fertilité et la végétation des tropiques s'y développe dans toute sa splendeur. L'aspect du pays est grandiose : au nord et à l'est, d'immenses forêts vierges ; à l'ouest, de vastes étangs, où les troupeaux de bœufs viennent se désaltérer ; et à une lieue et demie de la mer, une chaîne de montagnes escarpées qui se détachent pittoresquement sur le ciel.

Fort-Dauphin est l'un des points que la commission d'enquête de la chambre des députés a proposé dernièrement d'occuper. Les Antanosses, qui peuplent encore aujourd'hui cette partie de l'île, détestent les Hovas ; toutes leurs sympathies sont pour la France, à laquelle ils se souviennent fort bien que leurs ancêtres obéissaient. Ils parlent quelquefois le français, et presque toujours le patois créole. Beaucoup d'entre eux vont se placer chez les planteurs des îles de France et Bourbon. Ils sont doux, paisibles, et susceptibles d'attachement envers leurs maîtres. On pourrait lever dans leur province des compagnies d'auxiliaires commandés par des officiers et des sous-officiers français. Ils ont déclaré dernièrement qu'ils marcheraient avec nous contre les Hovas, si nous leur promettions d'occuper le Fort-Dauphin d'une manière durable et d'y laisser un vaisseau pour les protéger contre la vengeance de leurs ennemis (1). Mais, dans l'état actuel de notre politique, ils ne veulent pas se mettre en campagne, pour s'exposer à être ensuite abandonnés aux représailles des Hovas. Ce raisonnement semble prouver que

(1) Voir les dépositions de M. l'amiral Galiber et de M. le commandant Gaillard à la commission d'enquête de la chambre en 1884.

ces nègres ne sont pas aussi dénués d'intelligence qu'on se l'imagine. Nous ignorons quelles sont à leur égard les intentions du gouvernement français.

Lorsque M. de Maudave débarqua à Fort-Dauphin, les Malgaches, d'abord assez étonnés, ne firent aucune démonstration hostile. Le nouveau gouverneur offrit de petits présents aux souverains du voisinage et leur déclara que le roi Louis XV l'envoyait commander à tous les Français attirés à Madagascar par le commerce. « Sa Majesté, leur dit-il, offre sa protection aux chefs qui voudront vivre en bonne intelligence avec les Français. Nous ne voulons rien acquérir à vos dépens, mais seulement nous entendre avec vous et commercer librement. »

Ces sages paroles satisfirent complètement les princes malgaches. Maudave les invita à venir le voir au fort.

Ne rencontrant aucune opposition, il recula tout de suite les anciennes limites des possessions françaises jusqu'à la rivière Itapère au nord, et la rivière Fanshere à l'ouest.

« Ce territoire, écrivit-il au duc de Praslin, coûte au roi un habit rouge galonné en argent faux, un grand chapeau brodé et le reste de l'accoutrement, dont le chef du pays a été gratifié. La cession a été faite avec beaucoup de solennité. »

Maudave fut bientôt décidé à conserver le Fort-Dauphin comme principal établissement. Voici les raisons qu'il en donnait :

« 1° Le Fort-Dauphin peut être un poste de guerre inexpugnable.

« 2° L'air y est fort sain, et la terre d'une grande fertilité.

« 3° Le pays est très peuplé : il y a plus de quatre-vingts villages à dix ou douze lieues à la ronde.

« 4° Les gens du pays paraissent désirer que nous nous fixions parmi eux.

« 5° Leurs chefs obéiront à celui d'entre eux auquel nous donnerons notre confiance, de sorte que nous n'aurons affaire qu'à un seul, ce qui abrège beaucoup les difficultés.

« 6° Dans l'espace de terrain qu'on nous a

cédé, et qui peut être facilement augmenté
selon nos désirs, on peut élever un troupeau
immense de gros bétail.

« Il y a en outre, sur nos terres, plusieurs
grands horracs qui doivent fournir une quantité considérable de riz. On appelle *horracs,*
des morceaux de terre fermés de petits murs
qui retiennent les eaux pour former une espèce
de marécage; on y fait entrer un troupeau de
bœufs lorsque les terres sont détrempées. On
fait marcher ces animaux dans tous les sens, et
les traces de leurs pieds sont la seule sorte de
labour que l'on donne à ces champs.

« Ces horracs sont tout faits. Les eaux y sont
distribuées dans les divers compartiments; il
ne reste qu'à les planter. Les autres parties de
ce terroir sont propres à la culture du blé.

« J'ai remarqué dans nos environs des revers
de coteaux où la vigne réussira à merveille.
Ajoutez à cela de vastes pâturages, de grands
étangs pleins de poissons, et vous verrez que
notre établissement sera bientôt à sa perfection.

« Les montagnes sont couvertes de bois; ainsi nulle difficulté à se loger... Il y a sur notre territoire un grand village palissadé. La montagne d'où M. de Flacourt assure que les Portugais tirèrent autrefois de l'or est à quatre lieues d'ici. Elle paraît pelée et aride. Elle borne nos possessions, et nous pouvons la regarder comme faisant partie de notre territoire. Je la ferai examiner soigneusement...

« Ce premier projet ne doit pas faire renoncer à l'établissement à faire dans le nord. Avec des hommes, des armes et de l'eau-de-vie, je ferai ce que je voudrai dans ce pays sans jamais employer la violence...

« Je vais faire un voyage d'exploration en commençant par le sud. Je reviendrai par la vallée d'Amboule et Itapère, de manière que j'aurai parcouru plus de soixante lieues à cheval. A mon retour je vous enverrai, Monsieur le duc, une notice exacte des pays que j'aurai traversés. Cette course servira de plus à me faire reconnaître et respecter des chefs madécasses. La plupart sont déjà venus au fort;

ils m'attendent chez eux, et j'en serai certainement bien reçu.

« Les princes de ce pays sont tous de petits
tyrans avides et cruels, qui égorgent et dépouillent leurs sujets pour le plus léger intérêt. Les
Madécasses préféreront sans doute une domination plus humaine où ils trouveront leur sécurité et leur avantage.

« Ceux de ces princes qui auront plus de sens
et de lumières nous offriront d'entrer dans
notre alliance, comme ils firent en 1653 avec
M. de Flacourt. Le premier qui en donnera
l'exemple en entraînera beaucoup d'autres.

« Je compte déterminer le grand de Fanshere,
qui réside à trois lieues d'ici, à embrasser un
parti si salutaire pour lui et pour nous. Il se
nomme Maimbou ; il sait assez bien le français,
il trouve l'eau-de-vie la plus délicieuse boisson
du monde...

« Comme M. de Saint-Pierre est assez versa-
tile, peut-être que l'envie de venir à Madagascar
lui aura pris ou lui prendra. Dans l'un ou
l'autre cas, je vous prie instamment de ne pas

me l'envoyer (1). La vie que je mène et le genre d'affaires dont je me suis chargé exigent qu'on ne me donne personne qui ne me convienne, et que je sois maître de me débarrasser de tous ceux dont j'aurai sujet d'être mécontent.

« Je me décide à faire venir Mme de Maudave près de moi, car ce voyage lui coûtera moins qu'une longue absence. En outre, les chefs du pays, me voyant un air d'établissement, me respecteront et me rechercheront davantage. »

Mme de Maudave ne tarda pas, en effet, à venir rejoindre son mari, sans se laisser effrayer par les dangers et les maladies. Elle emmena avec elle ses enfants (2); elle était aussi accompagnée de sa mère, Mme Porcher de Soulches, femme énergique et intrépide. — Lally prétend même (3) que c'est Mme de Soul-

---

(1) Bernardin de Saint-Pierre fut informé, par des indiscrétions, de cette lettre de Maudave, et ne lui pardonna jamais. Ce fut la cause des violentes critiques dirigées par l'illustre écrivain contre l'établissement de Fort-Dauphin.

(2) L'aînée de ses filles n'avait que huit ans.

(3) Lettres à M. de Leyrit.

ches, et non son mari, qui commandait la garnison de Karikal pendant la guerre de l'Inde.

Maudave prit l'habitude, aussitôt après son arrivée à Fort-Dauphin, de consigner chaque soir dans un journal les faits principaux de la journée, avec les réflexions que lui suggéraient les événements. La partie la plus considérable de ce journal (qui devait avoir cinq ou six volumes) a disparu. Le commencement (1) se trouve dans les archives du ministère de la marine. Commerson en donne de très nombreux extraits dans son manuscrit sur l'histoire naturelle et politique de Madagascar (2); mais il s'arrête au 31 décembre 1768.

La note suivante est en marge de la partie du journal qui a été conservée dans les archives; est-elle de la main du duc de Praslin? nous l'ignorons.

« Pour tout ce qui est de l'historique du sol, des productions, du caractère et des mœurs des habitants de Madagascar, M. de Maudave

(1) Du 8 septembre au 11 décembre 1768.
(2) Bibliothèque du muséum d'histoire naturelle.

3.

mérite d'autant plus de confiance, qu'il est toujours d'accord avec Flacourt, Rennefort, et
toutes les personnes qui ont voyagé dans cette
île, et auprès desquelles j'ai cherché des instructions. »

On trouvera dans les extraits suivants le
récit des faits qui suivirent la prise de possession de Fort-Dauphin.

CHAPITRE V.

« JOURNAL DE CE QUI S'EST PASSÉ AU FORT-DAU-
PHIN DEPUIS LE 5 SEPTEMBRE 1768 JUSQU'AU
31 DÉCEMBRE DE LA MÊME ANNÉE.

« 5 *septembre*. — ... Un chef, nommé Dian
Mananzac, est venu au fort avec une cinquan-
taine de nègres armés de fusils et de sagaies.
Il a amené trois bœufs dont il m'a fait présent;
je les ai joints au troupeau du roi.

« Il est entré dans le fort et m'a proposé de
faire avec lui un serment pour nous assurer
l'un de l'autre.

« Il a trempé le bout de sa sagaie dans une
grande tasse d'eau-de-vie où j'ai mis la pointe
de mon épée. Il a juré de ne me faire aucun
tort, ni à ceux qui viendront traiter au Fort-
Dauphin, et de m'aider dans tout ce que je
lui demanderais. J'ai dit à peu près les mêmes
choses. Alors il a pris la tasse, en a bu à sept

reprises la meilleure partie et m'a généreusement
abandonné le reste, que j'ai fait semblant de
boire, en observant les mêmes interstices.

« 6 *septembre*. — Dian Mananzac a fait travailler ses noirs pour les transports dans le
fort, au moyen d'un petit subside dont nous
sommes convenus...

« M. de la Marche et trois ou quatre jeunes
gens sont allés à la chasse dans le dessein de
reconnaître le pays. Ils ont rapporté quelques
oiséaux rares, et ils s'accordent tous à dire que
rien n'est plus beau et plus riche que les campagnes qu'ils ont traversées.

« 8 *septembre*. — Je me suis fâché contre
Dian Mananzac, parce que je ne vois pas arriver les marmites qu'il m'a promis. On sait à
l'île de France que ces marmites ne sont ni
de tôle ni de cuivre, mais simplement des esclaves appartenant aux chefs et que nous leur
louons...

« J'ai été ce matin à l'étang, que j'ai remonté

jusqu'au milieu de la plaine. Cette portion de terre me paraît très belle et très bonne, quoique sablonneuse. Elle est couverte d'herbes et d'arbres, parmi lesquels j'ai vu des citronniers et un arbre qui ressemble à l'if, quoique un peu moins touffu.

« M. Avril est revenu de sa tournée, pendant laquelle il a parcouru environ trente lieues de pays et vu, dit-il, dix à onze rois dont les principaux vont venir au fort.

« J'envoie demain le sieur Pichard chez Maimbou (1) avec les instructions suivantes :

« On dira à Maimbou qu'il est arrivé au Fort-Dauphin un officier supérieur, envoyé par le roi pour commander dans l'île de Madagascar à tous les Français que le commerce y attire ; qu'il est enjoint à cet officier d'offrir la protection de Sa Majesté aux amis des Français ; qu'on emploiera les moyens les plus efficaces pour leur assurer la paisible possession des biens dont ils jouissent ; que le gouverneur de l'île

(1) Voir page 43.

de France a fortement recommandé au gouverneur du Fort-Dauphin de renouveler avec Maimbou l'ancienne amitié qui le lie à notre nation ; qu'il est important que Maimbou vienne tout de suite au Fort-Dauphin conférer avec le commandant français ; qu'on lu i promet que ses ennemis n'entreprendront rien contre lui pendant son absence, et qu'il recevra des marques assurées de l'affection des chefs de la nation.

« Le sieur Pichard devra faire tout ce qu'il pourra pour engager Maimbou à se rendre au Fort-Dauphin ; observant cependant de ne point le menacer, mais de le déterminer, si cela se peut, par la considération de ses propres intérêts. J'envoie en même temps un présent d'eau-de-vie à Maimbou.

« J'ai fait part de cette ambassade à Dian Mananzac, ennemi de Maimbou, quoique son frère. Je l'ai motivée de l'usage invariable de la nation française de cultiver par des honnêtetés soutenues ses anciens amis. Je lui ai fait dire que cette démarche n'apporterait aucun changement dans les dispositions où j'étais de bien vivre avec lui.

« 9 *septembre*. — Quelques moments après le départ de la personne que j'envoie à Maimbou, Dian Mananzac, escorté de tous ses noirs, s'est rendu au tombeau de son père, situé à une portée de fusil du Fort-Dauphin.

« Les noirs l'ont environné, et Dian Mananzac a fait une longue apostrophe aux mânes de son père, dont le résumé est qu'après avoir été dépouillé de tout par son frère, il vient de se remettre en possession de la meilleure partie de son héritage; qu'il a fait avec le commandant des Français un serment d'union et de fraternité; qu'il voulait imiter son père dans la fidélité et la constance de ses liaisons avec eux.

« Les deux fils de Dian Mananzac ont alors égorgé un bœuf; on a aspergé de son sang toute l'assemblée, et quelques personnes du fort, qui s'y sont trouvées, ont été obligées de s'en aller barbouiller le front.

« Dian Mananzac me demande de le regarder comme notre principal ami dans le pays, de manière que nous traitions désormais par lui dans l'intérieur des terres. Il nous offre en revanche la disposition de tous ses sujets, qui travailleront la terre sous notre direction.

« 15 *septembre*. — Les deux chefs qui sont ici sont entrés ce matin dans le fort, et Dian Ramasoulouc m'a proposé de faire un serment d'union et de fraternité avec lui. Il a demandé un rasoir; lorsque j'ai voulu en savoir l'usage, il m'a fait dire que c'était pour se faire une incision et en tirer de son sang que je boirais, et que je lui rendrais politesse pour politesse. Je l'ai prié de m'éviter cette formalité, en lui disant que les chefs français ne s'abreuvaient jamais que du sang de leurs ennemis. Cette excuse a été approuvée avec acclamation par tous les nègres qui l'entouraient. J'en ai été quitte pour boire à sept reprises une décoction de poudre, de pierres à fusil, d'or et d'argent, bien détrempés dans de l'eau-de-vie.

« Les deux rois devaient venir dîner avec moi; je m'étais préparé pour les recevoir; la fête n'a pas eu lieu parce que Leurs Majestés avaient pris de bonne heure leur café, c'est-à-dire qu'elles avaient bu les deux bouteilles d'eau-de-vie que je leur fais donner chaque jour...

« 19 *septembre*. — J'ai proposé à Dian Ma-nanzac d'assigner des terres aux Français. Il m'a montré une belle et spacieuse vallée bornée par une chaîne de collines et par la mer. Il m'a dit que c'était le terrain qu'il nous réservait, et qu'il nous cédait également la plaine au bord de la mer, entre le fort et l'angle de ladite montagne.

« J'ai trouvé ce beau vallon boisé et arrosé à faire plaisir. La terre m'a paru d'une très bonne qualité. Ce vallon contient au moins 9 à 10 lieues de superficie de terres propres à être cultivées avec la charrue, et d'excellents pâturages. Notre nouveau domaine est borné au sud-est par le grand étang qui se dégorge dans la baie des Galions, à une demi-lieue du fort. Il s'en trouve plusieurs autres, dont la plupart sont très poissonneux.

« J'ai dit à Dian Mananzac que cet espace de terre paraissait me convenir. Il m'a répondu qu'il le cédait aux Français, en signe d'amitié et d'alliance.

« Après dîner, je lui ai envoyé un habillement complet. Nous sommes allés ensuite sur le tombeau de son père; on a immolé un bœuf, et il a déclaré là qu'il nous reconnaissait pour ses amis et ses protecteurs, qu'il nous faisait don des terres que j'avais parcourues le matin; que ni lui ni sa postérité ne les réclameraient jamais; qu'il nous en garantissait la paisible jouissance contre tous les gens du pays; qu'il n'était plus Madécasse, mais Français; que si les Anglais entreprenaient de nous troubler, nous pourrions disposer de lui et de tous ses gens pour nous défendre.

« J'ai ajouté aux présents que je lui avais envoyés deux petits pierriers de fer et une

paire de beaux pistolets. Ces bagatelles l'ont
transporté de joie. Il m'a déclaré qu'il n'avait
que deux femmes ; que comme j'étais son frère,
il était juste qu'il partageât avec moi ; et le bon
de l'histoire, c'est qu'il les a effectivement envoyé chercher, et que je serai contraint d'en
choisir une après-demain.

« J'ai fait dresser une manière de procès-verbal de la cession desdits terrains. Cette pièce
a été signée par les principaux témoins de la
cérémonie.

« 27 *septembre.* — Dian Ramasoulouc a été
joint par quelques-uns de ses gens qui lui ont
amené des bœufs.

« On en a traité 49.

« Ratsimiré (1), piqué des choses que je lui
ai fait dire, en a envoyé 3o.

« 29 *septembre.* — Retombe (2) est arrivé
avec des bœufs, qu'il a traités.

(1) L'un des souverains des environs.
(2) *Id.*

« Les femmes de Dian Mananzac sont aussi arrivées aujourd'hui, pour s'établir dans le nouveau domicile de leur mari. Il s'est désisté, à ma prière, de la galanterie qu'il croyait me faire en m'en cédant une. Je les ai vues ce matin en grande cérémonie et leur ai fait à chacune un présent.

« *2 octobre*. — On a embarqué cette après-midi 200 vaches ou veaux...

« *5 octobre*. — La femme de Retombe est arrivée ce matin avec une suite de 9 à 10 dames et 10 ou 12 gardes du corps. Cette cour voyage fort lestement et n'est guère chargée d'habits ni d'équipage. La princesse m'a fait cadeau d'une chèvre et d'un petit paquet contenant 6 ou 7 livres de riz. J'ai reconnu cette munificence par de l'eau-de-vie.

« Plus je m'instruis des affaires de ce pays, plus je sens combien les relations de Flacourt sont exactes et judicieuses ; c'est un témoignage que je lui rends avec plaisir...

« 6 *octobre*. — Ces nègres sont infatués des absurdités de la magie. Ils ne font rien sans consulter leurs sorciers, qui sont des gens non moins ignorants que le commun des nègres, mais beaucoup plus effrontés. On les nomme *ombiasses*. Tous les grands du pays ont de ces ombiasses autour d'eux, qui ont à peu près des fonctions pareilles à celles des directeurs et confesseurs de nos princes; ils ont de plus le pouvoir de rendre malade, immobile, triste, gai, agile, ou paralytique, et de faire venir la pluie ou le beau temps. Les charmes dont ils se servent se nomment vulgairement *grisgris*. Ce sont de petites pièces de corail ou de verroteries, arrangées de différentes manières, qu'ils portent au cou, aux bras, aux jambes ou sur la poitrine. Les ombiasses font de ces grisgris qui résistent aux coups de fusils qui cassent le mousquet dans la main de celui qui tire, ou qui l'empêchent de partir, malgré la bonne qualité de la poudre (1). On n'entreprend

(1) Ces superstitions existent encore actuellement chez la plupart des peuplades de l'île.

rien que d'après les avis et les conseils de ces magiciens. Les rohandrians (1) leur obéissent aveuglément...

« Les grands de la vallée d'Amboule (2) paraissent se ressentir de l'opulence et de la meilleure police, qui vont en augmentant à mesure qu'on avance dans le nord. Il me semble aussi qu'ils sont plus respectés et mieux obéis de leurs gens. L'un d'eux, qui est venu aujourd'hui me voir, avait un air honnête et poli ; il portait à son cou une chaîne de gris-gris, où j'ai remarqué quelques légers ouvrages d'or, pareils à ceux que j'ai vus autrefois dans les Indes aux femmes arméniennes. Il n'est entré avec lui dans ma tente que ses principaux capitaines, au lieu que, lorsque les chefs de notre voisinage viennent me voir, les plus misérables gredins de leur suite se ruent sur les chaises et sur les tables et font

(1) Mot malgache qui signifie prince.
(2) La vallée d'Amboule, dont il sera souvent question dans ce chapitre, est à trente lieues environ au nord de Fort-Dauphin. C'est une des parties les plus fertiles de Madagascar.

une presse horrible malgré les efforts des sentinelles.

« Ces espèces de princes sont brutes et grossiers et ne diffèrent guère que du plus au moins... On dit que dans le nord les chefs sont absolus et font massacrer leurs gens pour oui et non. Ici, au contraire, leur autorité paraît bornée. J'ai vu Dian Mananzac employer inutilement les prières et les exhortations pour engager ses gens à travailler.

« 7 *octobre*. — On recommence à travailler au chemin qui conduit au village et à nos terrains ; ce chemin fera la limite naturelle des possessions de Dian Mananzac et des nôtres...

« 8 *octobre*. — J'ai couru aujourd'hui un grand danger. Dian Mananzac est venu dîner avec moi ; il s'est mis de bonne humeur à l'aide d'un peu de vin et d'eau-de-vie ; il a oublié qu'il avait reçu mes excuses au sujet de sa femme, qu'il voulait si généreusement me céder. Il m'a déclaré qu'il était trop mon ami pour ne pas partager son bien avec moi, et qu'ainsi il allait m'envoyer sa femme. Il m'a tenu parole, et j'ai eu d'autant plus de peine à m'en dépétrer qu'elle est vieille et laide, et que ce changement ne lui déplaisait pas. Enfin je lui ai fait entendre raison et je l'ai renvoyée.

« Ces peuples ont cet usage bizarre, qui est d'autant moins prêt à finir que les étrangers acceptent souvent leurs offres. Il n'y a point de nation sur la terre où les femmes et les filles soient de meilleure composition...

« 9 *octobre*. — La partie de Madagascar où est situé le Fort-Dauphin est très peuplée. On compte à dix ou douze lieues à la ronde plus de vingt-cinq chefs principaux, auxquels nos Français prodiguent indécemment le grand nom de rois. Le plus puissant d'entre eux n'a pas 3,000 sujets.

« Leurs guerres ne sont que des enlèvements de troupeaux et d'esclaves, des incendies de baraques, et quelques meurtres en trahison.

Leurs batailles se passent en injures mêlées de quelques coups tirés au hasard. Cependant, tout brutes et tout barbares qu'ils sont, on trouve parmi eux des lois, fondées sur d'anciens usages, qui passent successivement du père aux enfants. On y voit aussi une apparence de police et une sorte de hiérarchie politique. Ces divers détails sont expliqués dans les relations de Flacourt, et je ne les répéterai point.

« Leurs villages sont pour la plupart sur des éminences entourées de deux rangs de palissades rangées en forme de claies. En dedans règne un parapet de terre battue, de 3 à 4 pieds de haut, dans lequel on passe de 5 en 5 pieds un morceau de bambou. Quelques-uns de ces villages sont ceints d'un fossé de 4 à 5 pieds de largeur et de 5 à 6 de profondeur.

« La demeure du chef se nomme le *donax*. Elle consiste en trois ou quatre baraques couvertes de feuilles, mais un peu plus grandes que celles des autres nègres. Ce lieu a une enceinte particulière. Le chef y demeure avec ses femmes, ses enfants, ses esclaves, et quelques nègres affidés pour sa garde...

« Les chefs marchent toujours armés d'un fusil et d'un bâton ferré, orné au bout d'une petite houppe de poils de vache. C'est leur sceptre.

« Ils ne sont distingués de leurs sujets que par un bonnet de laine rouge. Presque tous ces nègres sont munis de fusils (1) et de sagaies.

Lorsqu'on délibère avec ces chefs, les nègres de leur suite ont le droit de dire leur avis. Ils parlent souvent tous à la fois, ce qui fait un beau charivari. Ils sont fort lents à se résoudre, et beaucoup plus lents encore à exécuter. La paresse est leur vice capital, à ce point qu'ils sont exposés à de grandes famines dans le pays du monde le plus fertile.

« Ils ne plantent guère que des patates et quelque peu de riz; ils ne tirent pas la centième partie de ce que leurs terres pourraient fournir. Ils ont des troupeaux en quantité;

_____

(1) Nous signalons ce passage aux personnes qui se figurent que les Malgaches ont des armes depuis quatre ou cinq ans seulement.

les pâturages sont excellents et les bestiaux s'y multiplient presque sans soins.

« Les Madécasses ont assez d'aptitudes pour les arts et les métiers. Il est vraisemblable que la force de notre exemple et les persuasions de la cupidité surmonteront la lâcheté de ce peuple. Je connais aussi d'autres moyens de les forcer à travailler. Lorsque je serai en état de me faire craindre, et que j'aurai de l'eau-de-vie à donner abondamment, ils ne me refuseront rien; cette denrée est le souverain mobile de toutes leurs actions...

« 13 *octobre*. — On m'a apporté une calebasse pleine des eaux minérales d'Amboule. Je ne me connais pas en drogues médicinales. Je les ai fait examiner par M. Mille, qui les a trouvées sulfureuses...

« J'ai voulu vérifier ce que dit Flacourt de la rivière de Fanshere. L'étang d'Amboure, formé par cette rivière, se décharge dans la mer par un canal de 5o à 6o toises de longueur, où la mer entre, quand elle est haute, et par lequel les eaux du lac se dégorgent, lorsqu'elle est basse... Avec quelques travaux, on ferait de cet étang le plus beau port de l'univers. Il a une lieue de diamètre, et jamais moins de 10 à 15 pieds de profondeur dans la partie qui avoisine la mer.

« Un des avantages de cet étang, c'est que la rivière de Fanshere, qui s'y perd, est flottable, 15 ou 18 lieues au-dessus. Les terres qu'on nous a cédées aboutissent au S. O. à l'étang d'Amboure et bordent les rivages au N. E. Il y a dans cette partie un beau village, au bord de l'eau, qui nous appartient...

« Ainsi nous avons aujourd'hui deux beaux et grands villages, auxquels il ne manque que des habitants, un territoire assez étendu, très fertile, et déjà tout cultivé. Que les colons arrivent, et tout ira bien...

« J'ai parcouru la moitié du lac dans sa partie occidentale, toujours dans l'eau jusqu'à mi-jambes. Je faisais lever une quantité prodigieuse de poissons de toute espèce. J'ai vu un gros requin à l'extrémité du lac...

« Les côtes de l'étang sont bordées de rochers de granit ou de marbre. Nous pourrions nous en servir pour construire toute une ville.

« La plaine au delà de la rivière de Fanshere est bornée de tous côtés par une chaîne de hautes montagnes qui sont couvertes d'épaisses futaies. La forêt qui borde l'étang, dans l'espace de deux lieues que j'ai parcouru, ne manque pas non plus de grands arbres. Ainsi rien ne nous empêchera de construire des bâtiments dans l'étang d'Amboure, lorsque son entrée conduira librement à la mer.

« On verra, par la carte que je fais dresser des environs du Fort-Dauphin (1), tous les avantages qu'on peut se promettre d'un bon établissement sur ce point. Il me paraît difficile d'en trouver ailleurs d'aussi considérables, en les regardant sous le double aspect de l'utilité qu'on peut tirer de ce territoire, et de la sécurité contre les ennemis étrangers, car nous n'avons rien à craindre des gens du pays ; le seul ennemi ca-

(1) Cette carte est au Dépôt de la marine.

4.

pable d'arrêter, ou plutôt de retarder nos progrès, ce sera la lâche indolence des nègres, que
nous surmonterons par la patience, par l'exemple et par l'eau-de-vie...

« Un de nos villages est précisément au bord
du lac ; il est assis sur un plateau qui en domine les eaux et qui est lui-même pourvu d'une
source abondante qui se perd dans la rivière.
C'est un lieu très agréable et très propre à former une partie de l'établissement. Je dis une
partie, parce que je présume qu'il est à propos
d'élever les fortifications au delà de la rivière
et ne laisser dans l'intervalle de cette rivière
au Fort-Dauphin que de simples cultivateurs...

« 13 *octobre*. — Rabefala (1) est arrivé ce
matin avec un beau troupeau de bœufs qu'il a
traité. Il m'a dit que depuis plus de dix ans il n'a-
vait voulu avoir aucune communication avec
les Français, à cause d'une action très mauvaise
et très punissable que l'un d'eux fit impuné-

(1) Voir ci-dessous, 26 octobre, les détails sur Rabefala.

ment à peu près à cette époque : il enleva des noirs à Rabefala et alla les vendre à l'île de France. Cet homme est aujourd'hui secrétaire de la compagnie des Indes dans le Bengale. Rabefala s'exprime bien, et paraît plus décent et plus civilisé que les autres chefs. Il était suivi de douze de ses capitaines et de plus de cent hommes armés...

« 14 *octobre*. — J'ai reçu deux lettres de M. de la Marche, l'une de chez Raosandri, et l'autre des bords du Mananpani (1). Nos pauvres voyageurs essuient beaucoup de fatigues, mais ils voient, chemin faisant, les plus beaux pays de la terre...

« Ces lettres m'ont été apportées par un capitaine de Raosandri : c'est un grand de la vallée d'Amboule, dont j'ai déjà parlé. Il a quatre frères qui partagent avec lui la souveraineté de ce pays. Ils ont très bien reçu nos voyageurs, et s'offrent de se lier et de négocier avec nous.

(1) Large rivière qui baigne la vallée d'Amboule.

M. de la Marche, qui a bien examiné le pays, pense que nous pourrions commercer avantageusement avec les Amboulois; mais la nature des chemins est si mauvaise, que ce sera un grand obstacle. C'est pourquoi il propose de faire un établissement sur le Mananpani (1), à trois lieues dans les terres...

« Je serais de son avis, si l'on pouvait trouver un abord pour les vaisseaux; il est sûr qu'on tirerait pendant plusieurs années une grande quantité de bœufs de la vallée d'Amboule et des pays circonvoisins. Mais je m'en tiens toujours à la nécessité d'un établissement au Fort-Dauphin. Celui qu'on propose sur le Mananpani serait le premier échelon pour nous porter vers le nord.

« Je crois que la difficulté des chemins serait moins grande, si l'on prenait plus avant dans

(1) C'est sur les bords de cette rivière que M. de Lastelle fonda ses sucreries. Dans les ouvrages modernes sur Madagascar, il est souvent question de M. de Lastelle, qui, avec l'aide de MM. Lambert et Laborde, décida Radama II à s'allier à la France sous le second empire.

les terres. M de la Marche aurait eu une route moins pénible, s'il s'était tenu à quinze ou vingt lieues de la mer.

« 19 *octobre*. — MM. Fijac doivent partir demain avec M. de Mareuil pour s'efforcer de rétablir la paix entre Maimbou et Dian Manan-zac... Puis ils iront visiter la montagne d'où les Portugais ont autrefois tiré de l'or. J'ai déjà dit que je n'attendais pas grand fruit de ces recherches, qu'on ne peut faire aujourd'hui avec une certaine exactitude. Il est pourtant certain qu'il y a de l'or dans les montagnes de Madagascar. On montre encore à quatre lieues d'ici l'endroit où les Portugais ont fouillé avec succès, il y a deux siècles. Les gens du pays ont comblé les excavations qu'ils avaient faites à la montagne. Flacourt assure qu'il y est en grande abondance, surtout en remontant vers le nord. Les nègres ont une quantité d'or et d'argent trop considérable pour venir uniquement du dehors. Ils en tirent certainement des rivières et des montagnes de leur pays.

« Je crois que c'est la base du commerce des Arabes, qui ont un comptoir régulier à Bombaitoque dans la partie du nord-ouest, à peu près vis-à-vis Mozambique. Les Arabes y viennent des îles Comores, des villes qui sont sur la côte d'Afrique, et même de l'Arabie Heureuse. Ils se sont assez étendus dans cette partie de l'île. Ils y ont fondé une école où l'on enseigne à lire et à écrire aux gens du pays, et la religion musulmane y a fait quelques progrès...

« 26 *octobre*. — Raimaz (1) m'a fait présent de la part de Maimbou de deux beaux bœufs, de deux vaches à lait, de deux chapons et d'une négresse.

« Le séjour de Raimaz au fort m'a fait d'autant plus de plaisir, que cela m'a été une nouvelle occasion de m'instruire sur beaucoup de faits historiques. La catastrophe qui nous a chassés autrefois de ce fort n'est qu'imparfaitement détaillée dans les journaux de nos voya-

(1) Raimaz, fils de Maimbou, était l'un des plus intelligents et des plus instruits parmi les chefs malgaches.

geurs. La tradition en a conservé le souvenir dans l'île de Bourbon, où les Français échappés au massacre se réfugièrent. Cet événement arriva le 25 décembre 1672.

« Les gens du pays, justement irrités par trente ans de cruautés et de brigandages, voyant M. de la Haye parti avec presque tout ce qui était en état de faire la guerre, serrèrent le fort, lui ôtèrent toute communication dans l'intérieur des terres ; et, après plusieurs attaques, ils trouvèrent moyen de fondre sur nos gens pendant qu'ils étaient à la messe de minuit. Heureusement il y avait dans la rade quelques petites barques où des femmes, des enfants, des vieillards et quelques hommes trouvèrent moyen de se réfugier. Ils gagnèrent ainsi l'île Bourbon.

« Le Fort-Dauphin a été fondé en 1642 par un nommé Pronis, agent du duc de la Meilleraye, à qui le cardinal de Richelieu avait accordé le privilège exclusif du commerce de Madagascar. Flacourt lui succéda en 1648. C'est lui dont nous avons les relations les plus

exactes de Madagascar. Il trouva que son pré-
décesseur s'était si mal conduit, que quelque
temps après son arrivée il le fit mettre aux fers.
En effet, outre les vices de l'administration intérieure, cet homme volait et massacrait les
nègres sous les plus légers prétextes.

« Il paraît que Flacourt était un homme sage
et vertueux, mais il trouva les gens du pays
ulcérés contre les Français, et, quoiqu'il n'eût
avec lui qu'une centaine d'hommes, il conçut
le projet de leur faire la guerre.

« Malgré la douceur de son caractère, ses
relations ne parlent que d'exécutions de nègres
et de villages brûlés. J'ai eu la patience d'en
compter plus de 200 dans les 10 ans que dura
son gouvernement, et autant de nègres massacrés par ses ordres au Fort-Dauphin. Il voulut retourner en France sur une mauvaise bar-
que, mais cette tentative ne lui réussit pas. Il
pensait que pendant son absence les Français
seraient ou massacrés ou contraints d'abandonner le pays. Il laissa dans son jardin une
table de marbre posée sur une pyramide et il

y fit graver ces mots : *O advena, lege monita nostra, tibi, tuis, vitæque tuæ profutura : cave ab incolis.*

« Comme ce voyage n'eut pas de succès, il fut contraint de revenir au Fort-Dauphin, où il trouva les choses dans l'état où il les avait laissées. Cela se passait en 1653.

« Environ deux ans après, il arriva un vaisseau de France sur lequel était le même Pronis dont nous avons parlé, qui venait relever M. de Flacourt. Ce dernier passa en France, et Pronis mourut peu après son arrivée. Il eut pour successeur un officier nommé Chamargou, qui fut remplacé par le président de Bausse, frère de M. de Flacourt.

« Bausse mourut peu de jours après son débarquement. Le marquis de Montdevergue, ancien domestique du cardinal Mazarin, fut envoyé à Madagascar par M. Colbert, et lorsque M. de la Haye arriva au Fort-Dauphin avec une escadre de dix vaisseaux de guerre, il fit arrêter Montdevergue par ordre du roi et le fit repasser en France en 1670.

« M. de la Haye commença mal à propos à faire la guerre dans l'intérieur des terres. Il y employa les forces destinées contre les Hollandais. Les maladies se mirent dans ses troupes, il n'eut pas de grands succès; il perdit plus de mille hommes, qui pouvaient être plus utilement employés contre les ennemis de l'État, et c'est peut-être à cette faute qu'on doit attribuer la fin malheureuse de son expédition.

« M. de Montdevergue était accompagné de deux directeurs de la compagnie des Indes, alors nouvellement établie, savoir : François Caron, qui avait été président pour les Hollandais dans le Japon et que M. Colbert avait attiré en France, et Jacques de Flacourt, frère du précédent gouverneur du Fort-Dauphin.

« C'est ce même Flacourt qui fonda le comptoir de notre compagnie des Indes à la côte de Malabar...

« Il faut remarquer que les vexations de nos Français dans l'île de Madagascar avaient soulevé contre nous tous les peuples qui nous

environnaient. Un chef hardi et courageux,
qui se nommait Dian Ramach, entreprit la
défense de la liberté publique; il fut tué lorsque Flacourt fit attaquer et brûler le village
de Fanshere. Son fils, nommé Dian Manang,
hérita de ses biens et de sa haine contre les
Français.

« Cependant il se réconcilia en apparence
avec eux, et il venait familièrement au Fort-
Dauphin. Un prêtre de Saint-Lazare, principal
aumônier de l'établissement, l'invita un jour
à une conférence dans la chambre de Chamargou, gouverneur du fort; il le pressa de
se faire chrétien, par toutes les raisons dont
il put s'aviser. Ces raisons ne touchaient que
médiocrement le nègre, mais elles faisaient
une vive impression sur l'esprit de Chamargou. Il dit au prêtre : « C'est un opiniâtre dont
vous ne tirerez aucun parti; je vais lui brûler
la cervelle pour lui apprendre à vous croire. »
Le missionnaire s'y opposa; mais malheureusement ces mots ne furent pas prononcés si
bas que Dian Manang, qui entendait le fran-

çais, ne comprît qu'il était dans un grand péril.
Le rusé nègre dissimula pour se tirer d'affaire, il demanda du temps pour réfléchir à ce
qu'on lui proposait, et il invita le prêtre à
venir à son village continuer ses charitables
instructions. Ce délai lui fut aisément accordé.
Le missionnaire n'eut garde de manquer au
rendez-vous; mais Dian Manang le massacra,
au lieu de le croire. On le vit souvent depuis,
à la tête de ses nègres, ordonner les évolutions
et les mouvements nécessaires pour combat-
tre les Français, revêtu du surplis et coiffé
du bonnet carré que le prêtre avait apporté
pour la cérémonie de son baptême.

« C'est ce même Dian Manang qui, profitant des circonstances, exécuta, quelques années après, le massacre du Fort-Dauphin.

« La postérité de cet homme, si difficile
à baptiser, subsiste encore aujourd'hui. Son
petit-fils est l'un des plus riches et des plus
puissants chefs de cette partie (1). Il se nomme

(1) L'histoire de Dian Manang se retrouve dans plu-

Rabefala; il est venu me voir au fort; j'ignorais alors sa généalogie. Je ne le crois pas plus porté que son grand-père à renoncer aux coutumes et à la foi de ses ancêtres.

« Ce dernier article ne les gêne pas beaucoup. Ils n'ont aucun culte établi. Ils ne tiennent qu'à des préjugés et à des mœurs reçues de leurs pères, dans lesquelles on trouve des observances juives et mahométanes.

« Je suis fermement persuadé que la religion chrétienne fera des progrès parmi ces peuples, si ceux qui la leur annonceront se conduisent d'une manière prudente et politique. C'est une folie que d'espérer arracher ces barbares à des usages invétérés. On a peu de chose à attendre des hommes faits; c'est de la génération qui s'élève que nous devons tout nous promettre. On réduira bien ces nègres à se faire baptiser, à assister à la messe, à ne pas

sieurs ouvrages sur saint Vincent de Paul et les missions.
Voir Mgr Abelly et M. l'abbé Maynard.
Saint Vincent de Paul s'était beaucoup préoccupé d'évangéliser Madagascar.

travailler le dimanche; mais si l'on attaque leurs mœurs, qui sont très vicieuses et très corrompues, on ne fera que les irriter et les éloigner.

« Les enfants recevront plus aisément un joug qu'il est inutile et dangereux de présenter à ceux dont le caractère est formé, et qui ont l'intelligence trop bornée pour concevoir le prix d'une vie plus pure et plus honnête.

« 27 *octobre.* — Plus je vais, plus je me repens d'avoir cédé aux conseils qu'on m'a donnés de prendre Dian Mananzac pour notre principal allié... Mais cette erreur se réparera insensiblement. Je sais en effet que Dian Mananzac n'a ni crédit ni moyens. Lorsque j'aurai fait une paix plâtrée entre Maimbou et lui, ce premier chef viendra s'établir au Fort-Dauphin, et comme il est sans contredit le plus puissant et le plus respecté de tous, la supériorité de ses forces et de ses moyens, et les avances que nous lui ferons, dégoûteront insensiblement Dian Mananzac de notre voisinage, et il se retirera à Itapere pour ne pas être exposé aux désagréments que lui causeraient nos préférences pour Maimbou.

« 31 *octobre*. — Je suis monté à cheval à cinq heures du matin pour aller chez Maimbou. Je suis arrivé à huit heures au village de Réfis, qui m'a reçu de son mieux. Ses gens ont fait plusieurs décharges de mousqueterie, et j'y suis entré au milieu des acclamations de tout ce petit peuple, lesquelles acclamations ressemblent beaucoup à des hurlements. Je me suis arrêté une heure, puis j'ai continué ma route, et, passant au pied de la montagne de Régou à onze heures et demie, je suis arrivé au bord de la rivière de Fanshère, vis-à-vis Fénériffe.

« Raimaz a passé tout de suite la rivière pour venir au-devant de moi, et me dire que son père était bien content de mon arrivée.

« Je traversai à cheval la rivière de Fanshère pour juger par moi-même de sa profondeur.

Comme les eaux étaient basses, mon cheval ne nagea point. Dans la saison des pluies, la rivière est très profonde, mais son cours n'est jamais rapide. Son lit est bordé des deux côtés d'un rang de collines qui lui donnent toute l'apparence d'un magnifique canal. Cette rivière m'a paru aussi large à Fénériffe que l'Oise l'est à Beaumont.

« J'entrai dans le village à midi et je me rendis tout de suite au donac. Maimbou était assis sur une table clouée contre une des fenêtres de sa case. Il était couvert, des épaules aux talons, d'une pièce de gros drap rouge de Châteauroux, bordée d'un galon d'or. Sa tête était couverte d'un haut bonnet du même drap également galonné. Son front était ceint d'un diadème qui n'était autre chose que le ruban du bonnet de nuit de quelque officier de la compagnie des Indes. On y avait cousu une pièce carrée de satin noir sur laquelle étaient attachées les pierreries de la couronne, savoir : une croix de pierres bleues et deux pendants d'oreilles. Le tout pouvait

valoir 3o sous. Ajoutez à ces ornements une
haute stature et une énorme masse de chair
couleur de cuivre, deux dents qui sortent des
deux côtés de la bouche comme les défenses
d'un sanglier, des cheveux gris hérissés et couverts d'huile, vous verrez que Maimbou avait
réellement très bonne façon...

« Le village de Fénériffe est très grand et
dans une belle situation... On découvre de Fénériffe toute la vallée que parcourt la rivière
de Fanshère, et qui est bordée d'une chaîne
de hautes montagnes. Les villages y sont très
nombreux; dans un espace de douze lieues, on
compte quinze à seize chefs principaux. C'est le
nombre des troupeaux qui fait la richesse et la
puissance de ces prétendus princes...

« J'ai remarqué un trait des mœurs de ces
peuples, dont il me semble que Flacourt n'a
pas parlé. Les Madécasses s'abstiennent générale-
lement de manger du porc, et la circoncision
est en usage chez eux. Outre cela, ils ont encore
des abstinences particulières : par exemple,
Maimbou ne mange jamais de la chair de ca-

bri, ni Raimaz de celle de mouton. Un autre
se prive de poisson, d'autres de volailles, ainsi
du reste. L'interdiction du porc et la circoncision leur viennent incontestablement des
Arabes, mais les autres privations tiennent
à des superstitions particulières. Ils portent
tous des grisgris. Or la vertu de ces grisgris est
attachée à certaines privations; c'est ce qui
fait que l'un renonce au mouton, l'autre
aux poules, etc.

« 3 *novembre.* — M. de la Marche m'a remis
un mémoire contenant l'exposé d'un projet
d'établissement à Manatenghe, au confluent
des rivières de Mananpani et de Mananboule.
Il s'est déjà fait concéder le territoire nécessaire
à cet objet. Le prix en est convenu avec les
gens du pays, qui lui ont déclaré qu'ils en
attendraient, tant qu'on voudrait, le paiement.

« Cet établissement sera très utile sous tous
les rapports. Les bords du Mananpani sont
couverts de bois propres à la charpente et à

la construction. Les mines de fer y sont très abondantes; les résines, les gommes, s'y trouvent en quantité, ainsi que l'argile et la terre glaise.

« Cet établissement particulier ne sera point fait aux dépens du roi; il appartiendra en propre à ceux qui l'entreprendront (1). Ils loueront des ouvriers; ils construiront de fortes chaloupes qu'ils vendront, à l'île de France ou au Fort-Dauphin, pour le service public. Ce qu'ils gagneront à ce commerce les mettra en mesure d'établir une forge avec ses dépendances. Alors le débit du fer leur donnera assez de profit pour étendre les limites de la petite colonie.

« M. Pichard m'a dit que la rivière de Manatenghe était fermée à l'entrée par un banc de rochers, mais qu'il avait découvert une petite anse où les navires pouvaient mouiller, à laquelle il était aisé de faire communiquer le Mananpani en coupant une langue de terre

(1) La mort de M. de la Marche vint changer ces projets.

basse, de 150 toises de longueur. Au moyen de ce canal, on jetterait une partie des eaux du Mananpani dans la baie dont parle M. Pichard.

« Si je reçois de l'île de France les choses que j'y ai demandées (1), je mettrai M. de la Marche en état de suivre ce projet. Je porterai en même temps des colons sur les bords de l'étang d'Amboure.

« Les communications du Fort-Dauphin avec ce poste se feront aisément par les terres et mieux encore par mer, au moyen de quelques doubles chaloupes que l'on construira sur le Mananpani et qui feront le service de Manatenghe au Fort-Dauphin.

« Il résulte de tout cela que notre colonie embrassera trente ou trente-cinq lieues de pays... Quelque médiocres que soient les secours que j'attends de l'île de France, si je les reçois (2), je formerai tout de suite les deux établissements.

(1) M. de Maudave ne reçut jamais rien de ce qu'il demanda à l'île de France.

(2) M. de Maudave ne les reçut jamais.

Lorsqu'on m'enverra de France un surcroît
de colons, je les distribuerai dans les deux postes de Manatenghe et d'Amboure; je ne gar-
derai au Fort-Dauphin que des soldats et des
ouvriers...

« Les obstacles venant du caractère de ces
peuples ne sauraient arrêter nos progrès, car,
s'ils sont perfides et paresseux, ils sont aussi
lâches et ivrognes. Nous les contraindrons par
la crainte et nous les exciterons par l'eau-de-
vie...

« Le bruit d'un grand établissement que
nous projetons s'est répandu partout. Les chefs
qui m'en ont parlé m'ont tous offert des terres
et demandé des blancs. Quand même cette disposition favorable n'existerait pas, nous n'en
serions pas plus embarrassés. Il est vrai qu'il
est impossible qu'elle n'existe pas. Tous les
chefs du pays sont ennemis jurés les uns des
autres, et la bienveillance qu'ils nous montrent
est certainement fondée sur l'espérance que
chacun d'eux conçoit de nous engager dans
ses intérêts particuliers.

« Je pense qu'il ne faut prendre aucune part directe aux démêlés de ces misérables princes : il faut simplement nous faire craindre et respecter de tous, et faire un exemple terrible et mémorable de celui ou de ceux qui manqueront essentiellement aux engagements qu'ils auront pris avec nous. Par ce moyen et le besoin qu'ils ont de nos marchandises, nous les tiendrons dans notre dépendance. En les surveillant attentivement, ils ne feront jamais rien qui puisse nous être préjudiciable.

« Cette race d'hommes ne manque pas d'une certaine portée d'esprit ni d'une certaine finesse. Ce qui est étonnant, c'est que ces nègres, qui ont presque sur tous les points une très bonne opinion d'eux-mêmes, sont néanmoins disposés à la soumission envers les blancs. On peut tirer grand parti de cette disposition ; elle est fondée sur notre supériorité, qui n'a pu leur échapper : quand ils comparent leur misérable police, leur vie errante, malheureuse et agitée, la grossièreté de leurs arts, avec ce qu'ils ont pu voir de nos mœurs et de notre manière de vivre, ils tombent dans l'admiration, et ils disent qu'en effet ils ne sont que des bêtes, comparés à nous.

« En faisant un usage politique et raisonné de cette opinion universelle des Madécasses, elle peut nous servir d'un frein capable de les régir et de les conduire. Mais il ne faut pas en abuser. Si l'injustice, l'avarice, la dureté, et tous les maux qui en sont la suite, entraient dans nos principes, nous les irriterions, et ils deviendraient hostiles à nos vues. Le sentiment du bien et du mal est très vif parmi eux : s'ils ne sont pas capables d'une solide reconnaissance, ils sont du moins très susceptibles de haine et de vengeance. Il est sage et nécessaire de ne pas les désespérer.

« En se conduisant sur de bons principes, on tirera un parti très avantageux des vertus et des vices mêmes de ce peuple. Il travaillera pour nous, en croyant ne travailler que pour lui.

« Il faut bien se garder de toucher à la propriété et aux droits des princes sous lesquels

ils vivent. Ils nous obéiront tant que nous aurons l'art de leur cacher qu'ils ne peuvent pas
nous désobéir.

« Je compte donc leur laisser l'exercice paisible de leurs droits et de leur autorité sur leurs
sujets. Je les tiendrai dans une dépendance
dont ils ne s'apercevront pas. Je n'exigerai
rien d'eux qu'en les payant; il n'est point de
service auquel on ne puisse les soumettre, dès
qu'on leur fait entrevoir quelque profit.

« Partout où nous aurons des établissements,
ces peuples s'accoutumeront insensiblement à
une domination qui leur paraîtra douce et pro-
fitable. Le commerce que nous aurons avec
eux en fera en peu d'années des sujets obéis-
sants par la force de l'habitude, et fidèles par
la crainte que nous leur inspirerons. Je ne fais
aucun doute que si le gouvernement entre dans
mes vues, j'embrasserai l'île dans la totalité
d'un établissement général. Je ne prétends pas
en peupler la surface de colons français, ni
soumettre à main armée tous les peuples qui
l'habitent. Je veux d'abord donner un grand

développement aux colonies de Fort-Dauphin,
de l'étang d'Amboure, et de Manatenghe...
Puis nous ferons deux autres établissements
au bord de la mer et un dans l'intérieur des
terres, le premier aux Matatanes, le second au
pays des Antavares, sur la rivière de Mananzari, et le troisième à peu près dans la contrée
d'Alfissach... Ces six postes suffisent pour réaliser ce que j'ai dit, que nous embrasserions
l'île dans la totalité d'un établissement général : ils communiqueront facilement les uns
avec les autres, et ils se procureront récipro-
quement de nouvelles branches de commerce.
Ces divisions principales produiront avec le
temps beaucoup d'autres subdivisions...
3oo soldats suffiront au commencement; il
faudra en augmenter le nombre à mesure que
les affaires deviendront plus multipliées et
plus importantes.

« 9 *novembre.* — Les rohandrians qui gouvernent le pays d'Anossi, ou Carcanossi, sont
étrangers comme nous. C'est une colonie d'A-

rabes venus dans l'île, il y a 250 ans environ. Ils sont devenus de véritables Madécasses, à la réserve d'une légère différence dans la couleur, qui est moins noire que celle des naturels du pays, et d'une teinture plus légère encore de lettres et de lumières, qui s'est jusqu'à présent conservée parmi eux.

« Ces rohandrians sont des oppresseurs durs et cruels. Ils font massacrer leurs sujets sur les plus minces prétextes, et ils les dépouillent encore plus facilement. Ces nègres sont si malheureux qu'ils changent aisément de parti et de domicile. Ils sentiront vite la différence de leur situation actuelle et de leur condition passée, et ils s'attacheront fortement à nous, de manière que nous pourrons compter sur eux contre leurs compatriotes mêmes. Car ils sont tous ennemis de province à province, de village à village, et même de famille à famille.

« J'ai demandé à mes procureurs à l'île de France, pour mon compte particulier, des ouvriers de marine et tous les agrès d'un vaisseau. J'en veux faire construire un de

180 tonneaux sur la plage de l'anse Dauphine,
à portée de fusil du fort. Les bois sont auprès. Ce vaisseau ira de Madagascar à l'île de
France et de l'île de France à Madagascar.

« J'engagerai quelques jeunes nègres à s'y
embarquer volontairement. Je donnerai des
ordres pour qu'ils y soient si bien traités, qu'ils
prendront le goût de la navigation et qu'ils
l'inspireront à d'autres.

« Si l'on ajoute à tous ces moyens la fondation d'un collège et d'un hôpital, il sera aisé de
pressentir le crédit que nous prendrons sur
l'esprit de ces peuples...

« Les nègres qui voient assidûment les Français contractent de l'humanité et de la socia-
bilité. Ce que je viens de dire est attesté par
une expérience journalière. J'ai vu des chefs
qui n'étaient jamais sortis de leurs villages, et
qui n'avaient eu que fortuitement et par lacunes
une sorte de commerce avec les blancs, jar-
gonner assez bien le français, et affecter de
connaître nos coutumes et nos usages. Je con-
clus de là qu'il y a dans l'esprit de ces peuples

un penchant à l'imitation dont nous pouvons nous prévaloir.

« Il me semble que nous ne devons pas chercher à nous étendre dans l'ouest, du moins dans les commencements, au delà de la rivière Mandrere. Mais je persiste dans l'opinion qu'il ne faut pas abandonner le milieu des terres. Les établissements maritimes n'auront jamais de consistance qu'autant que nos liaisons dans les terres leur en procureront. C'est, en effet, dans l'intérieur du pays que se trouvent les plus riches objets du commerce.

« Je ne prétends pas qu'il soit à propos de s'y jeter tout de suite, mais il est important de se ménager à l'avance les moyens d'y être bien reçus ; ce qui ne sera pas difficile, lorsque notre établissement du Fort-Dauphin, celui de Fanshere, qui en est la suite immédiate, et celui de Manatenghe, que dans mon plan on ne peut pas séparer des deux premiers, auront été fondés, comme je l'ai proposé ci-dessus.

« Le lieu le plus propre à la fondation d'une colonie dans l'intérieur des terres serait proba-

blement le pays d'Alfissac, et cela pour plusieurs raisons : d'abord, sa position géographi-
que. A peu près au centre de l'île, il domine,
par les montagnes d'Encalilan, la vallée d'Amboule et le cours du Mananpani. Il communique au nord, par la chute de ces montagnes, au
pays des Matatanes. A considérer cette position
du côté de l'ouest, il est à la naissance des rivières qui se jettent dans le canal de Mozambique. Cette contrée est une grande vallée
ceinte de montagnes. On vante sa fertilité ; la
vigne s'y trouve en abondance, les troupeaux y
sont très nombreux et les habitants les viennent vendre dans cette partie de l'île. Presque
toute la soie qui se manufacture à Madagascar
vient de cette vallée.

« La communication du Fort-Dauphin à Alfissac est très ouverte. Les villages des deux
contrées trafiquent entre eux ; Maimbou et son
fils m'en ont fort entretenu. Ce pays est séparé
de celui d'Anossi par une chaîne de hautes
montagnes, mais si praticables que les bœufs
en descendent par troupeaux. J'en ai vu le prin-

cipal débouché. La rivière qui se jette à Fénérife dans celle de Fanshere en vient. La distance du Fort-Dauphin au centre de la contrée
d'Alfissac n'est que de quarante lieues, et par
conséquent trente-sept d'Amboure et trente de
Fénérife. Les possessions de Maimbou s'éten-
dent au delà de la chaîne de montagnes dont
je viens de parler et sont donc limitrophes du
pays d'Alfissac. Ainsi nous allons en quelque
sorte de plain-pied du Fort-Dauphin dans ce
pays, et nous passons toujours ou sur nos terres ou sur celles des chefs qui dépendent de
nous.

« Ce n'est qu'une première idée; il est nécessaire de l'approfondir et d'en vérifier les
détails.

« Proportionnellement aux moyens dont je
disposerai, je ferai à deux cents lieues du Fort-
Dauphin tout ce que je pourrais faire sous la
portée du canon de la place, lorsque nous serons établis d'une manière irrévocable dans
ce petit poste. Les gens du pays sentiront toujours que les punitions ou les récompenses ne

sont pas éloignées. Ils respecteront les blancs, les recevront chez eux, les voleront quand ils en trouveront l'occasion, mais ne leur feront jamais d'autre mal. C'est ce que j'ai compris dès les premiers moments de mon arrivée, et ce qui me fait désirer de ne pas retourner à l'île de France jusqu'à ce que nous ayons jeté les fondements d'un établissement permanent.

« Telle est la constitution des affaires de ce pays que, dans l'opinion des peuples, les racines de cet établissement s'étendront d'un bout de l'île à l'autre...

« L'anse du Fort-Dauphin sert toujours de débouché au commerce extérieur de cette partie de l'île... Lorsque nos peines et nos soins auront eu un succès d'une certaine étendue, nous nous donnerons le port de Fanshere, dont j'ai déjà parlé. Il ne faut qu'en déboucher la barre, ce qui certainement n'est pas un travail prodigieux; il est aisé de s'en convaincre à la seule inspection des lieux.

« Si l'on veut bien considérer que, par la nature des choses, les vaisseaux de commerce ne peuvent guère aborder les côtes de l'île de Madagascar que pendant la belle saison, mais qu'elles sont toujours praticables pour de petits bâtiments, on concevra combien il est facile de concentrer dans un point unique tout le commerce extérieur de l'île; il résulte de ce fait que l'entrepôt général s'accroîtra rapidement par cette seule ressource. Les négociants y auront leurs magasins particuliers, les gens du pays y viendront de tous les côtés, dans l'assurance de s'y pourvoir des choses qui leur sont nécessaires.

« M. de Flacourt ne dit qu'un mot de l'étang d'Amboure (1), mais ce mot ne m'est jamais sorti de la tête, et je suis persuadé que si l'établissement de Madagascar a quelque succès, il sera dû à ce mot.

« Si les côtes de Madagascar recèlent d'autres ports, ils sont dans les parties de l'île sujettes aux intempéries et en proie à un air destructeur et pestilentiel. Ici c'est tout le contraire, et

(1) L'étang de Fanshere, que Maudave appelle étang d'Amboure, s'appelle encore étang de Fanzahir.

ce qu'on ne saurait trop estimer, c'est que le climat y est doux et frais pendant la majeure partie de l'année, avantage d'autant plus précieux que, les blancs devant travailler eux-mêmes, on ne saurait pas exiger dans un climat brûlant et malsain ce qu'on est en droit d'attendre d'eux sous une température douce et salubre.

« Toutes ces raisons, et beaucoup d'autres, me font insister sur la nécessité de jeter de préférence les fondements de notre établissement dans le sud... Les objets qui déterminent la fondation d'une colonie se trouveront également dans le sud. Si le nord en est mieux pourvu, il sera très aisé de se procurer ces diverses denrées par un cabotage facile et jamais interrompu...

« Le port de Fanshere sera si avantageusement situé qu'on ne pourra pas l'attaquer par son embouchure et qu'il ne sera accessible que par ses flancs, savoir : par l'anse Dauphine, qui en est à trois lieues et qui peut se défendre de manière à triompher de tous les

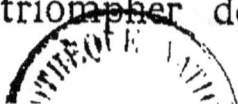

6

efforts des ennemis; et par la baie Saint-Augustin, ce qui est une hypothèse extravagante,
car elle est éloignée de la rivière Fanshere
de plus de 80 lieues; le pays est coupé de
rivières et de déserts, et il est impossible de
traîner dans un si long espace et sous un ciel
brûlant l'attirail nécessaire à un siège.

« L'arrondissement de la côte de Madagascar
vers le sud ne présente qu'un espace inabor-
dable ou sans abri.

« La nature du terrain est encore un obstacle insurmontable au transport de l'artillerie,
car il faudrait tout traîner à force de bras, et,
après avoir vu les terres de cette partie de l'île,
on se persuade que, si l'on met trois lieues
d'intervalle entre l'ennemi et le poste qu'on
occupe, on est en pleine sûreté...

« Cette longue discussion n'a aucun rapport
à l'article du journal, mais je crois devoir
exposer mes idées à mesure qu'il m'en vient de
nouvelles...

« 11 *novembre*. — Un soldat auquel j'avais

donné permission d'aller passer quelques jours chez Ramansoulouc, son beau-père, — car nos soldats épousent sans difficulté les filles des rois du pays, — est revenu ce matin et m'a annoncé la mort de Maimbou, arrivée par les suites de l'accident dont j'ai parlé plus haut (1).

« Aussitôt que Rechouzamenti (2) a appris cette nouvelle, il s'est mis à pleurer le plus tendrement du monde ; ensuite il s'est consolé à la vue d'un verre d'eau-de-vie que je lui ai fait apporter.

« J'ai envoyé mon valet de chambre chez Dian Mananzac pour me rapporter des renseignements sur cet événement. Il m'a dit que, d'après ses informations, Raimaz est persuadé que j'ai fait mourir son père par le moyen du cheval dont je lui ai fait présent, lequel cheval était couvert de grisgris destinés à pro-

(1) Dans les articles des jours précédents, Maudave racontait que Maimbou avait été mordu par un chien, et que la blessure s'était envenimée à cause de son état d'ébriété perpétuelle.

(2) Chef malgache qui avait été l'un des premiers à prêter serment d'obéissance à la France.

duire cet effet. On prétend qu'il a juré de tuer tous les blancs qui tomberaient entre ses mains, pour leur apprendre à ne plus faire mourir les gens en leur donnant des chevaux.

« Ces circonstances ont ébranlé l'esprit de Dian Mananzac, et, pour fixer ses doutes ou les détruire, il a ordonné à son sorcier d'employer tous les secrets de son art. Cet habile homme a fait beaucoup de cérémonies, de gestes et de grimaces; enfin une sagaie, jetée en l'air, est tombée de manière à détruire les soupçons les mieux fondés. Et, d'après cette preuve incontestable, il a prononcé *ex cathedra* que ni moi ni mon cheval n'étions coupables de la mort de Maimbou...

« 12 *novembre.* — Raimaz m'a envoyé demander quelques bouteilles d'eau-de-vie pour la cérémonie des funérailles de son père...

« 14 *novembre.* — Raimaz m'a promis d'envoyer, quand je voudrais, chercher de la vigne au pays d'Alfissac et de la faire apporter au

Fort-Dauphin. Il faut attendre pour cela que le mois de janvier soit passé..

« Si le vin que nous recueillerons n'est pas de la première qualité, il nous servira du moins à faire de l'eau-de-vie... Les travaux publics se feraient tous, en payant les nègres de cette nouvelle monnaie.

C'est une chose incroyable que le penchant effréné de ces peuples pour cette mauvaise boisson. Mais l'agrément de boire n'est rien, si l'on n'y joint le plaisir de s'enivrer, et ils ont tous sans exception cette habitude pernicieuse. Il n'y a sorte de bassesse que les grands même ne fassent pour obtenir une bouteille d'eau-de-vie; c'est leur souveraine félicité... Ils disent que l'eau-de-vie est le premier et le plus puissant des dieux...

« 15 *novembre*. — Dian Mananzac est venu ce matin au fort pour presser nos travaux. Tout le front de la place se couvre insensiblement de cases pour loger notre monde. Chaque particulier a fait son marché avec l'un des capitaines

6.

de ce chef. On a une belle maison pour 6 livres de poudre...

« Les grands de ce pays ne meurent jamais
de leur mort naturelle. Maimbou était brûlé par
l'usage incroyable qu'il faisait de l'eau-de-vie :
il y a eu des mois, — et ces mois ont été fréquemment répétés, — où il en consommait 150
ou 200 bouteilles. Cependant, à en croire les
nègres, il est mort de poison ou de sortilège.
Lorsqu'il tomba malade à la suite de la mor-
sure qui causa son accident, son sorcier fut
chargé de rétablir sa santé. Les remèdes qu'on
lui fit consistaient à pendre au plancher une
ficelle qui soutenait un petit paquet d'herbes
et de grisgris au-dessus de la poitrine du malade. 30 ou 40 femmes l'environnaient et te-
naient ses bras et ses jambes en criant comme
des furies. Le sorcier lui passait sans cesse la
crosse d'un fusil à quelque distance du visage ;
enfin on a fait cent extravagances du même
genre, s'étonnant que la maladie ait pu résister
à de si puissants remèdes...

« Les lois du pays ne sont que des traditions

qui passent des pères aux enfants. La plus
généralement reconnue est la punition des
voleurs. Dès qu'ils sont pris et convaincus,
ils deviennent esclaves, s'ils n'ont pas de quoi
se racheter. On juge les coupables en public,
et tous les principaux du village donnent leur
opinion. Si le criminel est puni de mort, on
l'attache à un poteau et on le fait tuer à coups
de sagaie.

« Les terres appartiennent aux chefs des villages, qui les partagent aux habitants pour les
cultiver. On leur paie une certaine redevance
sur les produits de ces terres. Ce tribut s'appelle faenza.

« L'usage de la monnaie leur est inconnu,
quoiqu'ils aiment beaucoup l'or et l'argent.
Leur commerce ne se fait que par échange,
et ils ne trafiquent que pour des besoins pres-
sants et actuels.

« Ils ont quelque connaissance de l'art d'é-
crire ; ils se servent pour cela des caractères
arabes que les ancêtres des rohandrians leur
ont apportés. Le papier se fabrique dans la

vallée d'Amboule, et, au lieu de plumes, ils emploient le bambou.

« Quoiqu'ils se servent de l'alphabet arabe, il ne faut pas croire que cette langue soit fort répandue dans l'île ; elle a fait seulement quelques progrès vers le nord-ouest. On sait que les Arabes ont fondé de grands États le long de la côte d'Afrique qui est en face de Madagascar ; ils se sont de plus emparés des îles Comores... Ils négocient régulièrement à Aden, à Mascate et sur toutes les côtes de l'Arabie Heureuse, mais leur plus grand cabotage est à Madagascar. Ils ont sur la rivière de Bombaitoque, vers le cap Saint-Sébastien, un comptoir de commerce assez considérable...

« Le peu de livres que les Madécasses possèdent ne consistent qu'en quelques traités de géomancie, d'astrologie, de médecine, et quelques petites histoires insensées. Ils sont tous écrits dans la langue madécasse avec l'alphabet arabe.

« Ils n'entretiennent guère de correspondance épistolaire, ils traitent toutes leurs affaires de vive voix, sans rien conserver par écrit.

« Leurs savants se nomment ombiasses, ainsi que je l'ai déjà dit ; ils sont à la fois sorciers, prêtres et médecins ; les plus renommés se trouvent dans le pays des Matatanes ; c'est là que la magie s'est conservée dans tout son éclat. Les Matatanes sont redoutés des autres Madécasses à cause de la perfection où ils ont poussé ce grand art. Ils en tiennent école, et les universités de Madagascar sont presque toutes dans cette partie...

« La conversion des Madécasses au christianisme est le plus grand bien que nous puissions désirer...

« Je crois que des hommes sages et éclairés commenceraient d'abord par les rappeler aux principes de la religion naturelle avant de leur ouvrir les voies de la révélation. On leur donnerait une notion fixe du bien et du mal, du juste et de l'injuste ; enfin on commencerait par travailler à les rendre des hommes, pour en faire ensuite plus aisément des chrétiens...

« Heureusement nous n'aurons point de religion à détruire parmi eux.

« Nous ne devons compter sur de grands progrès qu'en faveur de la génération qui s'élève. Les hommes faits sont trop corrompus pour essayer de les changer. Plusieurs embrasseront sans doute notre croyance ; mais ils y seront principalement attirés par la magnificence du culte extérieur, et l'on ne pourra guère compter sur eux...

« 16 *novembre.* — En tournant au sud-ouest le long des grandes montagnes, à une lieue du Fort-Dauphin, on trouve le village d'Hiassa. C'est une des plus belles positions pour la guerre, et la situation la plus agréable pour la vue et la culture.

« Il règne entre les grandes montagnes et le coteau à l'extrémité duquel Hiassa est bâti un vallon de deux lieues de longueur, sur des largeurs inégales, couvert de horracs qui peuvent être mis en produit sur-le-champ. On ne pourrait apprécier le revenu de cette vallée, si elle était cultivée par des Européens. Et cette partie est à coup sûr aussi saine que le Fort-Dauphin... Pour voir les noirs venir en foule s'établir sous notre protection, il ne faut qu'une seule chose : c'est l'assurance que l'établissement du Fort-Dauphin subsistera...

« Les choses sont bien changées de ce qu'elles étaient du temps de M. de Flacourt. Les nègres savent très bien qu'ils ne gagneraient rien à nous exterminer dans leur pays : ils ont dans l'esprit qu'on en tirerait la plus sévère vengeance, vu la proximité de notre établissement de l'île de France, dont ils se sont fait les plus magnifiques idées...

« 17 *novembre*. — Les noirs de Dian Mananzac ont commencé la clôture du jardin. J'espère que cet ouvrage finira bientôt, ainsi que la construction des maisons qu'on bâtit sur la face du fort. Je ne puis m'empêcher d'admirer la manière dont ces gens travaillent. On voit 50 ou 60 nègres accroupis sur leur derrière, qui regardent cinq ou six heures de

suite huit ou dix d'entre eux s'occuper des ouvrages dont ils sont chargés. Dian Mananzac
vient de temps en temps nous donner de petits
coups de main, et je suis très souvent tenté de
lui donner de grands coups de pied...

« 18 *novembre*. — Les inconvénients qui
résultent de la garde d'un troupeau de bœufs
au Fort-Dauphin m'ont déterminé à proposer à
Dian Mananzac de s'en charger, moyennant
une rétribution. Il a accepté...

« Deux soldats sont morts de la fièvre qu'ils
avaient rapportée de Manatenghe. Dès que nos
malades sont un peu mieux, ils s'abandonnent
à tous les excès dont ils peuvent s'aviser. Je
prends toutes les précautions imaginables pour
les contenir, mais je ne puis tout garder, et ils
m'échappent toujours par quelque endroit.

« Lorsqu'il y aura un hôpital bien clos et bien
fermé, les fièvres ne feront presque point de
dégâts...

« La province d'Anossi est le pays de Madagascar le plus étendu, le plus sain et le plus peuplé...

« Lorsque nous aurons un entrepôt de colonie au Fort-Dauphin, les nouveaux venus s'y accoutumeront au climat. On remarque généralement que les étrangers qui ont passé quelque temps dans une partie de l'île vont ensuite partout sans danger...

« Il y a autour du Fort-Dauphin à peu près 30 chefs, de ceux que nous honorons du nom de rois, dans une étendue de 45 lieues de base sur 30 de profondeur. Il n'y a pas un de ces chefs qui ne jargonne quelques mots de notre langue. Ceux auprès desquels nous voudrons nous établir nous céderont les terres qu'on leur demandera...

« Depuis le temps que les Anglais commercent aux Indes, ils n'ont pas songé à s'établir à Madagascar. Aujourd'hui qu'ils ont tout envahi et qu'ils s'épuisent à tout conserver, ils sont bien éloignés de tenter d'autres établissements. Ils ne songent qu'au Bengale, et la conservation de cette riche contrée absorbe la totalité de leurs vues et de leurs moyens...

« Nous avons au moins dix ans devant nous

sans craindre d'être troublés par nos rivaux.
Employons-les de manière à ne pas les regretter. Cela est fort facile, si l'on veut me fournir
les moyens que je ne cesse de réclamer. Lorsque nous serons établis dans ce pays sur le
pied que j'ai proposé, les Anglais feront là-dessus
toutes les réflexions qu'ils jugeront convena-
bles. Nous serons en situation de ne rien craindre, ni de ces réflexions, ni des efforts qui pourront les suivre...

« 27 *novembre*. — Dian Mananzac est venu
ce matin voir Mme de Maudave. Il lui a fait
présent d'un gros bœuf, d'une bouteille de lait,
et de quatre nattes. Je lui ai remis une pipe
d'argent qui a paru lui faire grand plaisir. Il
a assisté à une messe que nous avons dite le
plus solennellement que nous avons pu, et il
m'a semblé que cette cérémonie lui inspirait du
respect et de l'admiration...

« 30 *novembre*. — Il est venu beaucoup
de noirs qui ont aidé à débarquer les effets

apportés par la *Flûte* de M. de Clouard.

« Dian Mananzac a amené deux négresses dont il a fait présent à Mme de Maudave. J'ai reconnu sa générosité en lui donnant un fusil à deux coups...

« 18 *décembre.* — Nous n'avons plus de malades. Les fièvres qui nous ont tant tourmentés semblent vouloir disparaître...

« J'ai appris une chose qui confirme bien mes principes. Deux particuliers anglais sont établis depuis quinze ans dans les terres, au milieu de l'île, à soixante lieues environ d'ici. Ils ont des esclaves, des troupeaux, des horracs. Ils vivent tranquillement dans un village qu'ils ont formé, avec des sujets qu'ils ont acquis. Ils ne se mêlent ni des guerres ni des querelles. Ils assistent aux assemblées générales des chefs, lorsqu'on discute les intérêts communs. Leurs noirs leur obéissent sans murmures ni difficultés...

« 28 *décembre.* — M. Boucher a trouvé de

très bonne terre glaise, dont il a fait une brique qui s'est cuite facilement au feu de la cuisine. Elle est d'un grain très fin; cette terre est fort commune dans nos possessions. Rien ne nous empêchera d'établir des briqueteries, des poteries, des tuileries, non seulement pour notre usage, mais encore pour la consommation de l'île de France...

« 31 *décembre*. — On a souvent disputé sur l'état de la population de l'île de Madagascar. Flacourt, après avoir dit qu'elle est très peuplée, ne lui donne que 800,000 habitants. Les autres écrivains l'ont copié. Les mémoires manuscrits du marquis de Montdevergue, qui sont à Avignon entre les mains du marquis de Peruzzi, son petit-neveu, portent à 1,600,000 habitants la population de cette île. On ne peut rien dire depuis sur cet objet. Mais si nos lois et notre religion s'y entendent, la population y augmentera certainement. Elles détruiront sans doute cette coutume barbare de faire périr les enfants qui naissent à certains jours de la semaine réputés malheureux, et d'autres usages non moins féroces qui nuisent essentiellement à la propagation de l'espèce.

« J'ai fait dire, dans plusieurs villages autour du Fort-Dauphin, que l'on me fît apporter les enfants infortunés destinés à périr, que je les ferais élever, que je ne les réduirais pas en esclavage, et qu'on verrait ces malheureuses victimes croître sous nos yeux et triompher de l'affreux préjugé qui les condamnait à mourir.

« ... Les gens dont la conduite est sage et régulière ne sont jamais malades au Fort-Dauphin. On remarque généralement à ce sujet un fait attesté par Flacourt : c'est que les malades se rétablissent, après que la fièvre a cessé, en les nourrissant de potages gras et succulents, et qu'ils retombent, s'ils prennent toute autre espèce de nourriture...

« Quant à la chaleur du climat, elle est bien plus modérée ici que dans le reste de l'île. Pendant une partie de l'année, il fait un temps doux, qui permet aux Européens de se livrer aux travaux les plus durs de la culture des terres.

« ... Le terme qui doit mettre fin à la traite des noirs n'est vraisemblablement pas fort éloigné. Si les secours que j'attends me mettaient en état de m'étendre, je porterais un comptoir à Foulepointe (1), où je mettrais le plus d'obstacles possibles à la traite des noirs...

« Rabefala est encore aujourd'hui en possession de plusieurs écrits desquels on pourrait tirer beaucoup de lumières sur l'histoire du pays. Quelques-uns de ces écrits sont sur du papier semblable au nôtre. Le reste est sur du papier fabriqué aux Matatanes. Ces mémoires sont en langue madécasse et en caractères arabes. Si Dieu me prête vie, je les verrai, car j'avoue que c'est pour moi un grand objet de curiosité (2). »

(1) Port de mer au nord de Tamatave.
(2) Il est probable que Maudave parlait de ces documents dans la suite de son journal qui a disparu. Il aurait été intéressant d'avoir ces détails sur les origines si peu connues de l'histoire de Madagascar.

CHAPITRE VI.

Quelques semaines après son arrivée, Maudave envoya M. de la Marche et quinze hommes explorer les provinces situées au nord de Fort-Dauphin. Ce détachement rencontra partout un accueil favorable et franchit plus de cinquante lieues dans la direction de Tananarive. Mais aux fatigues de l'expédition vint s'ajouter une chaleur accablante. Les voyageurs eurent l'imprudence de ne prendre aucune précaution hygiénique, et bientôt la fièvre fit au milieu d'eux sa première apparition. M. de la Marche et cinq hommes furent atteints; il fallut les ramener en litière à Fort-Dauphin, où ils rapportèrent la maladie à leurs compagnons. Jusqu'alors l'état sanitaire de la colonie avait été parfait (1), mais l'épidémie se

(1) Du 8 septembre au 25 novembre, il n'y avait pas eu un seul malade.

propagea rapidement; M. de la Marche et plusieurs soldats moururent successivement. Les tristes résultats de cette expédition effrayèrent le gouvernement et contribuèrent à faire ajourner le départ des colons pour Madagascar.

Mais les habitants de Fort-Dauphin ne s'inquiétèrent nullement; il fut reconnu en effet que les seuls hommes atteints par le fléau étaient ceux qui se livraient à des excès de toute sorte (1), et ceux qui consentirent à se soigner sérieusement furent bientôt hors de danger.

Maudave garda auprès de lui sa femme, sa belle-mère et ses jeunes enfants, dont la santé ne fut pas un instant éprouvée. D'ailleurs, vers le milieu de décembre, l'épidémie disparut; elle n'avait duré que trois semaines.

(1) Maudave donne dans ses rapports des détails médicaux très précis que nous n'avons pas cru devoir reproduire ici, et qui ne sont pas à la louange des femmes malgaches. Voir les dépositions entendues en 1884 par la commission d'enquête sur Madagascar.

A défaut de colons, le duc de Praslin aurait pu, au moins, expédier les marchandises de traite et les renforts promis à Maudave. On ne s'explique pas pourquoi l'on ne fit jamais ces envois, que le gouverneur de Fort-Dauphin ne cessait de réclamer. Lorsque les noirs venaient offrir aux Français les produits du pays, la petite colonie n'avait rien à leur donner en échange. Maudave ne recevait aucune réponse à ses demandes, bien que le duc de Praslin lui eût plusieurs fois envoyé ses compliments et ses félicitations.

La prise de possession de Fort-Dauphin eut peut-être plus de retentissement en Angleterre qu'en France. Nous avons trouvé dans les archives coloniales le document suivant, sur lequel nous ne saurions trop appeler l'attention du lecteur :

Extrait des papiers anglais du 9 juin 1769.

« Les Français viennent de faire un établissement dans l'île de Madagascar, que l'on compte être la plus grande île du monde connu. On sait qu'elle a un nombre infini de ports imprenables par leur nature, et qu'elle abonde en excellent bois de construction.

« Les Français sont déjà occupés à y construire des vaisseaux de guerre; et une frégate de trente canons, bâtie dans cette île, a fait voile pour l'Europe (1).

« On prétend qu'on fera partir, au commencement d'octobre prochain, une flotte d'observation pour l'Inde, et qu'on donnera aux amiraux des instructions particulières pour demander aux Français la raison positive pour laquelle ils font, pendant la paix et contre le dernier traité, des acquisitions dans l'île de Madagascar. Une visite de cette nature ouvrira certainement les yeux de cette nation et la convaincra, à ses dépens, du tort qu'elle a de s'obstiner à faire des conquêtes et des acquisi-

---

(1) Le journal de Maudave devait donner des détails sur ce sujet; mais ces constructions de vaisseaux ont été faites en 1769, et la partie du journal que nous avons s'arrête en décembre 1768.

tions de territoire, puisqu'elle doit savoir par une expérience fatale et réitérée qu'il est impossible de défendre ses possessions autrement qu'avec de nombreuses flottes. »

On voit que la rivalité de la France et de l'Angleterre à Madagascar ne date pas d'hier, et que Maudave n'avait pas tort de prévoir des complications entre les deux nations. Mais, ainsi que cet officier l'avait également prédit, le mécontentement de l'Angleterre ne fut suivi d'aucun effet.

D'ailleurs, les Anglais, qui luttent depuis un siècle pour nous empêcher d'occuper Madagascar, ont manqué plusieurs occasions de s'y établir. Ainsi lorsque Beniowski, dix ans après le départ de Maudave, fit à Londres des offres de service (1), on ne les accepta pas. En 1830, lorsque le gouvernement de Louis-Philippe fit évacuer purement et simplement Madagascar, l'Angleterre n'osa pas y envoyer une expédition. Il est peu probable qu'elle trouve

(1) Voir chapitre X.

à l'avenir des circonstances aussi favorables;
il est heureux pour nous qu'elle n'en ait pas
profité.

CHAPITRE VII.

Les administrateurs des îles de France et Bourbon étaient favorablement disposés en faveur de Maudave. Voici en quels termes ils correspondaient :

M. Poivre à M. de Maudave.

« 1er octobre 1768.

« ... Je suis d'avis de suivre à la lettre le plan que vous avez fait adopter au ministre. Vos principes sont les seuls bons. Nous n'aurons jamais rien de mieux à faire que de nous en rapporter aux informations que vous nous enverrez, et à vous faciliter le succès de vos opérations...

« Rapportez-vous-en à moi pour le compte que j'ai à rendre au ministre sur la justesse de vos vues... »

Malheureusement, quelques mois après l'envoi de Maudave à Fort-Dauphin, l'administration des îles de France et Bourbon fut confiée à M. Desroches, homme ambitieux et envieux. Il calcula que sa situation deviendrait inférieure, si l'établissement de M. de Maudave prospérait et prenait des développements. Il se figura aussi que la concurrence ruinerait ses administrés. Ceux-ci ne voyaient pas sans mécontentement le monopole du commerce dans cette région leur échapper. Jaloux de M. de Maudave, M. Desroches résolut de faire abandonner la colonisation commencée.

Il adressa au ministre des rapports où il exagérait les difficultés de l'entreprise et inventait les griefs les plus inexacts contre l'établissement de Fort-Dauphin. Il répétait sur tous les tons le mot du marquis de Brancas sur la nouvelle colonie : « C'est un enfant qui étouffera sa mère. » Puis il suscita toute sorte de difficultés à Maudave. Il alla jusqu'à prendre une série de mesures, « qui empêchèrent absolument le gouverneur de Fort-Dauphin d'embaucher des ouvriers à l'île de France ou d'y acheter des marchandises (1). »

Au moment où M. Desroches fut nommé à l'île de France, la petite colonie de Fort-Dauphin se composait de cent trente personnes (2).

La reconstruction du fort était très avancée. Un village était formé de quatre-vingts maisons environ, au milieu desquelles se trou-

(1) Pauliat, *Madagascar*.
(2) Savoir :

M. de Maudave, sa famille, ses domestiques.	25
Officiers et leurs domestiques.	8
Employés et leurs domestiques.	12
Médecin, chirurgiens et leurs domestiques.	10
Capitaine de port et son domestique.	2
Officier faisant fonction de major de la place et son domestique.	2
Aumônier et son domestique.	2
Un piquet consistant en sergents, soldats et canonniers.	54
Habitants et ouvriers.	15

Total, 130 personnes.

Le total des appointements était de 29,240 francs, dont 8,000 pour le gouverneur.

vait une forge et un hôpital. Les princes du voisinage avaient des habitations pour les moments où ils venaient voir le gouverneur.

Les Français vivaient en très bons termes avec les Malgaches. La sécurité de Fort-Dauphin était si complète que Maudave y laissa sa femme et ses enfants pendant un voyage qu'il fit à l'île de France. Il était aimé et respecté par les Malgaches. Son administration humaine et bienfaisante était d'autant plus appréciée que le souvenir des vexations commises autrefois n'était pas effacé.

Dans les premiers temps, les nègres ne venaient pas au fort sans une certaine inquiétude; ils n'auraient jamais osé monter sur le vaisseau qui stationnait quelquefois dans la rade, car ils savaient que, plusieurs fois, des noirs avaient été enlevés par surprise et vendus comme esclaves. Lorsque Maudave leur affirma qu'ils n'avaient rien de semblable à craindre, ils se rassurèrent peu à peu. Quand ils virent que le gouverneur interdisait la traite des nègres, ils lui furent entièrement dévoués.

Les princes prirent bientôt l'habitude de venir lui soumettre leurs différends. « Ce brave militaire, dit un rapport déposé aux archives de la marine, ce citoyen honnête et juste, était l'arbitre des nations voisines. »

La nourriture de la garnison et des employés de l'État coûtait 20 francs par jour (1). On vivait pourtant assez largement. Les domestiques et ouvriers noirs coûtaient 4 francs par mois et n'étaient pas nourris. Nous citons ces chiffres parce que M. Desroches critiquait dans ses rapports le trop grand luxe de table de Maudave.

Le gouverneur avait fait mettre en culture une étendue de terre considérable et planter plusieurs arpents de vignes. Il n'attendait plus que des colons pour leur distribuer des terres. Mais M. Desroches empêchait l'émigration des îles de France et Bourbon. Quant aux colons de France, le ministre de la marine ne faisait rien pour faciliter leur passage à

(1) Soit 25 centimes par personne.

Madagascar. Maudave répétait en vain : « Tout homme qui a un métier est assuré ici de sa subsistance. Deux cents familles de paysans transportés à Madagascar y feraient des prodiges pour eux et pour l'État... J'attends l'arrivée des colons pour jeter les fondements d'une ville sur les bords de l'étang d'Amboure. J'ai déjà dit que l'on peut faire de cet étang l'un des plus beaux ports de l'univers... (1). Il communique avec la mer par un chenal que j'ai fait sonder et dans lequel il y a à marée basse 4 à 5 pieds d'eau ; il serait facile de le creuser... Il n'y a pas d'ouragans à craindre dans cette partie, et les vaisseaux peuvent hiverner tranquillement dans notre rade... »

Maudave sollicitait en même temps des ouvriers et des soldats. Voyant qu'on lui refusait 300 hommes, il en demanda 200, puis 50 seulement. Mais le duc de Praslin, absorbé par les événements qui se préparaient en Europe, ne faisaient rien pour la nouvelle colonie.

(1) Voir les détails sur cet étang au chapitre V.

« Une petite troupe de cavalerie, écrivait Maudave, en imposerait prodigieusement aux Madécasses. Il faut entendre les cris de surprise et d'admiration qu'ils font en voyant nos chevaux. J'en ai mené dans l'intérieur des terres. Les pâturages sont forts bons et ces animaux s'y portent à merveille. Je travaille à établir ici une race de chevaux. Nous en avons déjà de la graine : j'ai ici neuf juments et un bel étalon de race persane (1). »

Dès les premiers temps de son arrivée à Fort-

(1) Il n'y a actuellement ni chevaux ni mulets à Madagascar. Les nègres s'opposent à leur importation pour rendre plus difficile une invasion étrangère. Quelques chevaux, amenés dans le nord de l'île sur notre escadre en 1882, ont pris la fièvre et sont morts. Peut-être la partie méridionale de l'île est-elle la seule où ils se portent bien. En tout cas, des chevaux arabes résisteraient mieux au climat que des animaux importés d'Europe.

Cette absence de moyens de transports est l'une des principales difficultés qu'une expédition à Tananarive aura à vaincre. Il ne sera pas aisé de se procurer des porteurs en nombre suffisant : il faut à peu près autant de porteurs que de soldats.

Pourquoi ne chercherait-on pas à utiliser les bœufs, si nombreux à Madagascar?

Dauphin, Maudave avait songé à créer une milice de nègres ; il demandait fréquemment au duc de Praslin de lui en faciliter les moyens. « Il serait aisé, disait-il, de former ici un corps de 4,000 Madécasses exercés à notre manière. Dans le cas d'une rupture avec l'Angleterre, on les ferait passer aux Indes avec 1,200 Français et un train d'artillerie. Je maintiens qu'un homme d'esprit et de cœur, qu'on laisserait maître de sa conduite, renverserait le colosse de la puissance anglaise dans les Indes. C'est un projet qu'il convient de laisser mûrir dans le silence, mais j'ose vous promettre, Monseigneur, de tenir les choses en état de vous fournir ce secours dont vous ferez l'usage que vous jugerez le plus utile.

« C'est une politique très sage d'employer les noirs dans ces pays. On épargne ainsi le sang national. Cent noirs d'Afrique culbutent quelques milliers d'Indiens...

« Ce moyen diminue aussi considérablement les frais de la guerre. Je réponds qu'avec ce corps de nègres, soutenu de 1,200 Français, on pourrait chasser les Anglais des deux côtes de Malabar et de Coromandel. A l'égard du Bengale, je ne connais pas assez les affaires de ce pays pour en parler. Mais les succès qu'on aurait ailleurs réveilleraient la haine secrète des puissances de l'Inde contre les Anglais. Nous n'aurions pour nous les concilier qu'à remettre les provinces conquises entre les mains de leurs anciens possesseurs.

« Les princes indiens ont la plus grande envie de rentrer dans le Bengale, et s'ils se sentaient appuyés, les plus grands efforts ne leur coûteraient rien.

« Il suffirait de faire les premières dépenses nécessaires pour la solde et l'entretien de ce corps pendant un an. Après ce temps, les princes, recueillant les fruits de nos succès, s'empresseraient d'en faire les frais. Nous avons vu le roi de Mainssour offrir 24 millions à M. de Lally pour l'engager à prendre Buchenapaly et à lui remettre cette ville. Il fut assez mal avisé pour préférer à une entreprise que les circonstances rendaient infaillible la vaine espérance de s'emparer de Madras... »

Revenant un peu plus tard sur le même sujet, Maudave ajoutait que beaucoup de jeunes nègres demandaient à être enrôlés dans nos troupes. Mais le duc de Praslin ne parut pas approuver les projets du gouverneur de Fort-Dauphin. Cette idée contenait pourtant la solution d'une partie de la question coloniale. Il est évident que, dans les pays malsains, une armée de noirs acclimatés est un auxiliaire précieux. Les Anglais l'ont bien compris lorsqu'ils ont conquis l'empire des Indes.

D'ailleurs, depuis un an, les officiers de la marine française instruisent des compagnies auxiliaires de Sakalaves et d'Antankares pour les diriger contre les Hovas (1). On pourrait

(1) On dit beaucoup de bien des Sakalaves instruits par M. Pennequin.

D'après les journaux de la Réunion et un article paru le 18 décembre dans l'*Événement*, MM. de Mahy et Dureau de Vaulcomte ont fait manœuvrer ces troupes devant eux. « Ils ont constaté que ces hommes sont en général vigoureux et bien faits, et savent très bien se

aussi former des régiments d'Antanosses; on a vu plus haut (1) qu'ils y étaient tout disposés. Quelques personnes pensent qu'ils feraient de meilleurs soldats que les autres peuples de l'île. Ils sont en outre plus éloignés des Hovas, et par conséquent moins exposés à leur vengeance (2).

Le plan général de Maudave était parfaitement conçu et se fût sans doute réalisé, si les envois promis par le duc de Praslin avaient été faits. Il voulait fonder six ou sept établissements (3), échelonnés depuis l'étang de Fanshere jusqu'à Foulepointe, au nord de Tamatave. Il aurait ensuite choisi parmi les princes malgaches le plus intelligent et le plus ambitieux, et l'aurait aidé à étendre son autorité sur les peuplades environnantes. C'est ainsi que les An-

servir des fusils perfectionnés dont ils sont armés. Plusieurs chefs sakalaves sont venus protester de leur amitié et de leur confiance envers la France. »

(1) Voir chapitre IV.

(2) En 1883, il n'y avait à Fort-Dauphin qu'un détachement de 4 Hovas.

(3) Voir chapitre V.

glais ont plus tard inventé les Hovas et leur ont facilité la conquête de l'île, afin de nous susciter des difficultés. En cela ils ont été plus habiles que Maudave, qui connaissait peu les peuples du centre de Madagascar : les Antanosses, moins rusés et moins actifs que les Hovas, ne se seraient peut-être pas aussi facilement annexé leurs voisins.

Une autre difficulté venait de ce que les princes antanosses étaient si nombreux et si divisés que leur force était nulle. Maimbou, que le gouverneur de l'île de France avait signalé à Maudave comme capable de seconder ses vues, n'était qu'un vieil ivrogne.

Pour exécuter son plan, il fallait attendre les secours promis par le gouvernement.

Maudave, constatant que tous ses efforts restaient inutiles en présence de l'inertie du duc de Praslin, commença à perdre patience.

« Je ne puis plus rien faire, Monseigneur, écrivait-il le 16 août 1769, si je ne reçois des colons. Je n'ai auprès de moi que des soldats et cinq ou six ouvriers particuliers...

« Décidez, Monsieur le duc, s'il convient que je me morfonde inutilement à Madagascar en attendant vainement des secours qui ne viendront pas!

« J'ai mis les choses au point où il faut pour travailler avec honneur et profit. Mais je ne puis plus rester dans l'état actuel, sans perdre toute créance dans l'esprit des peuples, qui, ne voyant rien se réaliser, en concluront que nous nous moquons d'eux.

« Si des affaires d'un ordre supérieur ne vous permettaient pas d'étendre vos mesures, mon zèle et ma bonne volonté vous deviendraient tout à fait inutiles, et j'ose vous dire qu'il serait en ce cas plus décent et plus conséquent de renoncer à l'entreprise, que de la continuer sur un pied qui ne pourrait jamais en garantir le succès.

« Je n'ai garde de nier qu'en général l'établissement du Fort-Dauphin ne soit fort blâmé dans l'île de France. Parmi les habitants de cette colonie, les uns l'attaquent à la manière de ces anciens gladiateurs qui combattaient les yeux couverts d'un bandeau. D'autres, par ce penchant trop commun de tout condamner sans examen et sans discussion. D'autres, uniquement poussés par le désir de nuire. D'autres enfin, avec la persuasion que l'établissement du Fort-Dauphin sera fait aux dépens de l'île de France.

« Mais il vaut mieux peser les suffrages que les compter. Comme il y a très peu de gens en état de connaître et de discuter les affaires de la nature de celle-ci, il s'ensuit qu'il y a très peu d'opinions auxquelles on doive s'arrêter. D'ailleurs, le plus grand nombre des détracteurs de notre établissement n'a jamais été à Madagascar. M. des Roches, avec les intentions les plus droites, a été trompé par de mauvaises informations. Je lui ai proposé d'envoyer quelqu'un sur les lieux pour vérifier les faits. Mais, comme son opinion est formée, cette précaution lui paraît inutile, et l'établissement du Fort-Dauphin est condamné par défaut...

« N'abandonnez pas un si grand ouvrage,

Monsieur le duc, pour de légères contradictions.
Je vous engage ma vie, ma foi, et mon honneur,
que je n'ai rien exagéré dans les avantages
que je vous ai promis. Daignez vous en re-
poser sur moi, et envoyez-moi les secours que
je vous demande; et si je ne fais pas au Fort-
Dauphin une colonie utile et importante, je
me rendrai en France pour recevoir la punition due à ma légèreté et à ma présomp-
tion.

« Il est rare de débuter dans une affaire si
vaste et si compliquée sans tomber dans quelques fausses démarches. J'avoue que je fis en
débutant une assez lourde faute. Je pourrais
me justifier en disant que cette opération avait
été réglée à l'île de France, de l'aveu même
de M. Dumas. Mais comme j'aurais pu l'a-
bandonner, le blâme doit être pour moi seul.
Je veux parler de cette course que je fis tenter
dans le nord, dans le dessein de pousser jusqu'aux Antavares.

« Ceux que j'employai à cette expédition tom-
bèrent malades à quarante-huit lieues du Fort-

Dauphin. Cinq d'entre eux ont péri. Le pire du fait, c'est qu'ils nous ont rapporté ces fièvres qui nous ont assez tourmentés et nous ont enlevé dix autres personnes. Mais les trois quarts au moins auraient échappé, si nous avions pu les assujettir au régime. Ils étaient en outre malades des suites de la vie dissolue qu'ils avaient menée. Ces faits sont attestés par nos chirurgiens.

« Les voyageurs, les négociants, les navigateurs ont tous rendu témoignage à la salubrité du Fort-Dauphin...

« Les peuples voisins nous sont favorables. Nous occupons tout l'espace compris entre la rivière d'Itapère et celle de Fanshere, environ 25 lieues de superficie.

« L'enceinte du fort avait besoin d'être agrandie : nous étions dans un parc à moutons, plutôt que dans une citadelle. Lorsque les travaux seront achevés, le fort aura environ cent toises de long, sur soixante de large; et ces soixante toises feront le développement du seul front par où il puisse être attaqué. Ce front consistera en deux petits bastions, un fossé, un chemin couvert, et la courtine sera couverte d'une demi-lune...

« Nous aurions besoin d'experts pour les des mines.

« Je vous supplie de me faire aussi passer gens d'Église avec les pouvoirs et les registres nécessaires... (1).

« J'opposerai, pendant un an encore, une patience invincible à ces difficultés.

« Ce terme expiré, je recevrai vos ordres. Mais souvenez-vous, Monsieur le duc, de tout ce que j'ai pris la liberté de mettre sous vos yeux. La résolution que vous prendrez à ce sujet est fort importante. Il s'agit de sacrifier à de vaines terreurs l'opération la plus glorieuse et la plus utile que l'on ait tentée depuis cent ans.

« Je vous offre ma vie et mes soins pour la suite de ce dessein. Dans le cas où vous ne

---

(1) Maudave insistait ensuite sur l'abandon où il était laissé, n'ayant ni troupes, ni argent, ni marchandises de traite, ni colons.

jugeriez pas à propos de suivre ce grand objet, je me flatte que vous m'accorderez la permission de me retirer chez moi. »

Malheureusement, en même temps que cette lettre, M. de Praslin reçut un rapport de M. Desroches rédigé avec une perfide habileté, et critiquant avec une évidente partialité l'établissement du Fort-Dauphin. En voici en quelques lignes le résumé :

« On va ruiner une colonie à peine établie (1), sans réussir à en former une nouvelle.

« En douze mois, le Fort-Dauphin a coûté un officier et vingt soldats. L'air y est extrêmement malsain.

« Il ne nous est venu ni coton, ni acier, ni gomme, ni résine, etc.

« Il serait fort dangereux d'apprendre aux Madécasses à cultiver la vigne, puisque leur passion pour l'eau-de-vie est le lien le plus indissoluble qui les attache à nous.

« M. de Maudave nous demande de la chaux et des bois de construction.

(1) L'île de France.

« Enfin, il lui est échappé que nos vaisseaux ne sont pas en sûreté au Fort-Dauphin. »

Examinons maintenant ces arguments. La dernière assertion est absolument contraire aux affirmations réitérées de Maudave, dont la franchise n'est pas suspecte. Elle est aussi démentie par tous les officiers et voyageurs qui allèrent vers cette époque à Fort-Dauphin. Il est également faux que Maudave ait demandé à l'île de France des bois de construction. Fort-Dauphin était auprès d'une immense forêt, et le gouverneur raconte plusieurs fois dans son journal et dans ses lettres que les nègres lui ont apporté des bois de construction, sans même demander un salaire (1).

Si l'île de France ne recevait aucune denrée de Madagascar, cela tenait à ce que la nouvelle colonie ne recevait pas de marchandises de traite, et ne pouvait faire d'échange avec les noirs.

Pourtant, Maudave fit exporter de nom-

_____

(1) Ce fait a été attesté par les officiers et les habitants de Fort-Dauphin.

breux troupeaux de bœufs pour le compte du roi. Il en est fréquemment question dans les parties du journal que nous avons supprimées. D'ailleurs, il résulte des statistiques officielles (1) que, dès l'arrivée de Maudave à Fort-Dauphin, la moitié de la viande nécessaire à l'alimentation des îles de France et Bourbon venait de Madagascar.

L'objection tirée de la culture de la vigne ne mérite pas d'être discutée.

La plus sérieuse était évidemment l'insalubrité du Fort-Dauphin.

Mais ce que M. Desroches ne disait pas, c'est que, sur les vingt et une morts, cinq ou six étaient dues à des pneumonies, des apoplexies et des hydropisies; une, à un abcès à la vessie; de plus, un sous-officier s'était laissé mourir de faim pour un motif inconnu; enfin, les malades morts de la fièvre étaient presque tous atteints de maladies chroniques qui aggravaient leur état.

(1) Archives coloniales, *Madagascar*, 1768-1769, carton 160, pièce 2.

Maudave était peut-être trop optimiste dans ses appréciations sur le Fort-Dauphin, mais il est certain que pendant les premières semaines la colonie n'eut pas un seul malade. Or le moment où Maudave débarqua n'était pas favorable, car le mois de septembre est habituellement malsain à Madagascar. Ce fut le détachement de M. de la Marche qui rapporta au fort les fièvres prises à une grande distance, et elles n'atteignirent que les gens qui y étaient prédisposés par des excès ou une santé déjà délabrée.

Pendant vingt-six mois sur vingt-huit, l'état sanitaire de la colonie fut très bon.

Comment concilier ce fait avec l'opinion générale des écrivains qui déclarent tout le littoral malsain? N'ayant jamais été à Fort-Dauphin, nous ne pouvons en parler en connaissance de cause. Mais la remarque suivante se dégage des recherches consciencieuses que nous avons faites sur ce point. Malgré les contradictions continuelles que l'on remarque dans les différents ouvrages sur Madagascar, ils s'accordent à dire que l'insalubrité des côtes provient des marécages, et cesse à partir d'une élévation qui peut varier entre 200 et 450 mètres au-dessus de la mer. Les côtes sont tellement basses, qu'à marée haute, les rivières ne se déversent plus dans l'Océan et forment d'immenses marécages.

L'île s'élève en amphithéâtre; plus on s'avance dans l'intérieur des terres, moins on est exposé aux fièvres.

Or les environs de Fort-Dauphin et de l'étang de Fanshere ne sont nullement marécageux. Les côtes de cette partie de l'île sont moins basses, et les montagnes ne sont qu'à une lieue et demie de la mer. Les vents d'ouest sont les seuls qui aient passé sur des marais, et ils sont, pour ainsi dire, inconnus à Fort-Dauphin.

D'ailleurs, Maudave n'a pas été seul à affirmer la salubrité de Fort-Dauphin.

Le Dr Boucher, dans une notice sur cet établissement, émet exactement la même opinion (1).

(1) Notice manuscrite, datée de 1776.

Voici enfin ce que dit M. de Lanessan dans le rapport qu'il a présenté en 1884 à la chambre des députés, au nom de la commission d'enquête sur Madagascar : « Vohémare, Tuléar et Fort-Dauphin sont considérés comme salubres par tous les déposants que nous avons entendus (1). »

(1) Page 20.

CHAPITRE VIII.

Le gouvernement de Louis XV avait confiance en M. Desroches, et les rapports envoyés par ce fonctionnaire empêchèrent le duc de Praslin de tenir les promesses faites à Maudave. Pour porter une dernière atteinte à la nouvelle colonie, le gouverneur de l'île de France rappela une partie de la garnison déjà si peu nombreuse de Fort-Dauphin. C'était à la rigueur son droit, puisque cette petite troupe faisait partie du régiment de l'île de France. Maudave écrivit aussitôt pour protester et demander si, oui ou non, le ministre renonçait à la colonisation de Madagascar; il ne reçut pas de réponse. Il fit cependant continuer les travaux, et au mois d'août 1770 il adressait au duc de Praslin le rapport suivant :

« ... Le fort est entièrement reconstruit, les murs relevés, et il contient :

« 1° Une habitation commode pour le gouverneur;

« 2° Une bonne poudrière voûtée;

« 3° Un grand magasin à deux étages et un vaste grenier ;

« 4° Un caveau;

« 5° Un magasin pour les boissons...

« Tous ces ouvrages sont en bonne maçonnerie. Nous avons, en avant du fort, les logements des particuliers, deux corps de casernes, un corps de garde, un pavillon pour les officiers, une boucherie, une boulangerie et un grand parc à bœufs...

« La végétation est fort belle... La vigne est ici une production naturelle. J'en ai découvert à quarante lieues d'ici dans les terres, il y a plus d'un an. Les noirs n'en soupçonnent même pas l'usage, et ils en abandonnent les fruits aux oiseaux. Cependant les raisins blancs et noirs y sont très bons, nonobstant l'état où on laisse les souches. C'est du pays d'Alfissac que j'ai tiré les premiers plants. J'en ai porté à l'île de France, au mois d'août de l'année passée (1). Ils y réussissent si bien que M. Poivre m'en demande par toutes les occasions. Il nous sera facile de faire ici rapidement de grands vignobles. Les vignes produisent au bout de dix-huit mois. Nous en avons déjà autour du fort plus de dix mille pieds qui se font admirer par leur force et leur beauté.

« On a découvert dans nos environs l'arbre si rare qu'on appelle le santal citrin. C'est celui de la meilleure espèce, et qui se vend une roupie la livre...

« Un colon auquel le roi ferait une avance de trente francs par mois serait en état d'entretenir au moins six marmites (2), ou noirs, avec lesquels il mettrait sa concession en valeur.

« Il faut remarquer que, vu la nature du pays, la facilité du labourage et d'autres cir-

(1) Maudave introduisit aussi à l'île de France le ravensara, qui fournit une épice agréable, et les martins, oiseaux fort utiles qui détruisent les insectes. (Voir Milbert, *Voyage à l'île de France.*)

(2) Esclaves, ou plutôt serviteurs à gages.

constances locales, on fera ici avec six noirs
ce qu'on ne saurait faire à l'île de France avec
soixante...

« Les saisons sont régulières; il pleut pério-
diquement chaque mois, et les travaux n'ont
rien de pénible ni de rebutant.

« Le tabac croît ici à souhait. Quelques-uns
de nous se sont amusés à élever des vers à
soie. Les nègres exploitent ici la soie sans
donner aucun soin à l'entretien et à la multiplication de ces précieux insectes. Ils en en-
lèvent les dépouilles dans les forêts...

« Voilà ce qui regarde le sol; je viens aux
dispositions des habitants :

« La masse du peuple est indigène; elle obéit
depuis trois cents ans à environ vingt-quatre
familles d'origine arabe, établies dans le pays.
Ils ont l'alphabet arabe, quoiqu'ils se servent
de la langue madécasse. Ils observent la circoncision, mais ils n'ont aucune idée de Ma-
homet. Malgré la simplicité de ce peuple, il
est dégoûté depuis longtemps du gouvernement
de ses chefs, et il ne se met pas en peine de

dissimuler ses sentiments. Car ces tyrans vexent leurs sujets tant qu'ils peuvent. Il est vrai que leur autorité est assez bornée et que la plupart des noirs sont libres. Mais ils trouvent moyen de voler leurs sujets et de les opprimer de leur mieux.

« Par exemple, un noir libre, même s'il est maître d'un village, ne peut tuer aucun animal pour sa nourriture : les rohandrians se sont réservé exclusivement le droit de tuer les animaux, et ils n'exercent jamais cette fonction sans réclamer un salaire.

« Lorsqu'ils abusent de leur autorité, ce qui n'est pas rare, leurs sujets désertent leurs villages et se retirent ailleurs. Les noirs jouissent tous de cette liberté, à la réserve de ceux que des causes particulières ont rendus esclaves des rohandrians. Ces causes d'esclavage sont ordinairement le vol ou des entreprises galantes sur les femmes de ces chefs.

« Ces vingt-quatre familles ne gouvernent qu'un peu plus du quart de la population. Sur ce nombre, les quatre cinquièmes sont libres;

ainsi ces prétendus princes sont assez misérables.

« Il y a dans ce pays une autre classe de
chefs qui sont de l'ancienne race des habitants.

« Les nègres les préfèrent aux rohandrians
et ils seraient certainement plus heureux sous
ces chefs. Mais dans mille occasions ces derniers
sont obligés de recourir aux rohandrians. S'ils
ont besoin de pluie, il faut qu'ils s'adressent à
Ratsimiré. Si leurs femmes sont à terme, elles
ne peuvent attendre d'heureuse délivrance que
par la puissance de Rabefala, rohandrian de
Cocombe, qui est un village à huit lieues
d'ici...

« Ces prétendues qualités leur sont, pour
ainsi dire, infusées par les ombiasses, avec des
cérémonies ridicules. Une abstinence particulière leur est aussi imposée pour chaque
propriété: l'un ne mange jamais de mouton,
l'autre de poisson, etc.

« Les nègres voient que nous méprisons la
puissance magique de leurs chefs; et ils en
concluent qu'elle ne peut rien contre nous.

Aussi paraissent-ils fort empressés de se joindre à nous et de vivre sous notre police.

« A peine ai-je déclaré, en arrivant ici, que les Français allaient y faire un établissement permanent, que les chefs s'empressèrent à m'offrir des terres, et les principales familles me demandèrent asile sous le pavillon du roi. Depuis que Rechousamenti prêta serment de fidélité, son village s'est augmenté du double en noirs et en troupeaux.

« Huit ou dix autres capitaines se sont rapprochés du fort avec leurs esclaves, les noirs dépendant d'eux, leurs familles et leurs troupeaux. Ils ont bâti des hameaux, en attendant que je leur distribue des terres.

« Le village de Rechousamenti contient au moins quatre cents personnes. Ce sont eux qui font tous nos travaux. Aussi sont-ils les plus riches du pays. Un seul de ces nègres a gagné par son travail de quoi acquérir trente bœufs. Ce profit l'a tellement mis en goût, qu'on le voit toujours en besogne. Cet exemple, qui n'est pas unique, montre bien ce qu'on peut se promettre de ces noirs.

« Les rohandrians se souviennent par tradition d'avoir autrefois juré fidélité au roi de France.

« J'ai dans mon cabinet un très beau buste de Sa Majesté. Trois des principaux chefs de ce pays me demandèrent un jour ce que c'était que cette figure. Les interprètes dirent : « C'est le roi notre maître. » Dès qu'ils eurent entendu cette réponse, ils s'écrièrent : « Louis de Bourbon ! »

« Ce fait singulier prouve que ces nègres se souviennent très bien de leurs anciens démêlés avec M. de Flacourt et avec M. de la Haye.

« On trouve, en effet, dans les relations du premier qu'il accorda la paix aux rohandrians, à condition qu'ils reconnaîtraient pour leur souverain Louis de Bourbon, quatorzième du nom...

« J'ai observé, depuis que j'habite le pays, un changement prodigieux dans le caractère des nègres qui nous environnent. Ils travaillent avec assez de suite. Ils font assez exactement toutes nos commissions. Le terme de leurs services est de trois mois, pendant lesquels ils gagnent à peu près douze francs. S'ils volent, leurs chefs les punissent et ne manquent pas de restituer les objets dérobés...

« Les Madécasses n'ont pas de religion, mais seulement quelques coutumes superstitieuses. Ils semblent adopter une sorte de manichéisme : ainsi, en tuant un bœuf, ils en réservent toujours un morceau pour le diable.

« Il me paraît très facile de leur faire embrasser la religion chrétienne. Ceux d'entre ces nègres qui se mêlent de raisonner, frappés de nous voir à genoux, assister à la messe avec respect, ont voulu s'instruire de cette partie de nos coutumes. Plusieurs ont demandé l'instruction et le baptême... Il serait à propos de fonder ici une église paroissiale avec tous les pouvoirs qui en dépendent...

« J'ose donc vous proposer de nous envoyer quatre prêtres (1); s'ils sont sages et prudents,

(1) Ce n'est que depuis 1860 que le catholicisme a

8.

en état d'apprendre la langue du pays, ils peuvent compter sur la plus abondante moisson...

« Au moment où j'ai l'honneur de vous écrire, Monseigneur, plusieurs capitaines indépendants viennent encore me demander protection et des terres autour du fort...

« Je tremble que vous ne soyez dégoûté de mon projet, et que vous ne m'envoyiez l'ordre de m'en retourner.

« Si ma crainte est vaine, vous ne tarderez pas à vous applaudir de m'avoir donné quelque créance. »

En même temps, toute la petite colonie du Fort-Dauphin, apprenant les menées de M. Desroches, adressa au ministre l'attestation suivante :

« Nous soussignés, officiers, employés, et habitants du Fort-Dauphin, certifions :

fait de grands progrès à Madagascar. En 1883, il y avait environ 80,000 catholiques ; 20,000 élèves fréquentaient les écoles des sœurs et des frères au moment de leur expulsion par les Hovas. Il y a encore à Tananarive une assez belle cathédrale catholique.

(Voir le P. de la Vayssière, *Vingt ans à Madagascar*.)

« 1° Que l'air de la presqu'île où estsitué le fort n'a et ne peut avoir aucune malignité, les marais qui causent les mauvaises influences étant éloignés du fort...

« 2° Que les environs à plusieurs lieues à la ronde, principalement en remontant vers le nord, sont remplis de bois propres à la charpente et à la construction.

« 3° Que le territoire annexé au fort est d'une très bonne qualité, bien arrosé d'eaux de source, coupé en horracs, lesquels sont des champs nivelés et séparés en carreaux pour la commodité de l'arrosage. Que ce territoire, garni de beaux bois, est bordé de deux grandes rivières navigables dans la majeure partie de leur cours.

« 4° Que les noirs ne sont pas effarouchés de l'idée d'un établissement français; qu'ils viennent fréquemment négocier et travailler parmi nous. Que la plus grande partie du service public et de celui des particuliers se fait par les noirs.

« 5° Que nous nous répandons dans l'intérieur des terres, aussi loin que nous le souhaitons, avec assurance d'être bien reçus dans leurs villages, où ils s'empressent de nous offrir des vivres. Que la sûreté y est pleine et entière, et que, s'il est arrivé à des particuliers quelques aventures qui semblent contredire ce que nous avançons ici, cela a toujours été occasionné par l'imprudence et la mauvaise conduite de ceux qui ont sujet de se plaindre.

« 6° Que, depuis notre arrivée, les nègres sont devenus moins lâches, moins paresseux, moins voleurs.

« 7° Que les chefs nous considèrent, au point d'arrêter les noirs qu'ils rencontrent chargés d'effets qu'ils soupçonnent avoir été volés au fort; et qu'ils nous renvoient lesdits effets...

« 8° Que les bois de charpente, que nous employons sont tirés des environs du fort. Que les noirs nous en ont apporté volontairement plusieurs fois, sur leurs épaules...

« 9° Que les terres qui nous appartiennent sont aisées à mettre en valeur...

« Nous concluons, d'après les recherches, réflexions et observations que chacun de nous a été à portée de faire depuis notre arrivée, qu'il ne nous a manqué que des colons pour jeter tout de suite les fondements d'un établissement considérable ; et que, si le gouvernement se détermine à en faire passer, ils ne trouveront aucun obstacle, de la part des gens du pays, pour cultiver tranquillement leurs terres...

« M. Pestré nous a déclaré, de la part de M. de Maudave, qu'il ne désirait de nous que l'expression libre et sincère de notre façon de penser, et qu'il n'aurait garde de souhaiter une attestation contraire au sentiment de qui que ce soit.

« Ainsi, après avoir mûrement examiné les choses, nous déclarons sur l'honneur, sans autre dessein que de rendre hommage à la vérité, que le présent écrit contient l'opinion ferme et sincère de chacun de nous, et que nous ne nous sommes déterminés à donner une pareille attestation que parce que nous sommes persuadés de la certitude et de la réalité de ce que nous venons d'exposer (1). »

Suivaient les signatures de tous les habitants du Fort-Dauphin.

Malheureusement M. Desroches était en faveur, et ses rapports réitérés contre le nouvel établissement impressionnaient le gouvernement. D'ailleurs, le ministère Choiseul, absorbé par les complications de la politique européenne, attachait déjà moins d'importance à l'acquisition de nouvelles colonies. En outre, les finances étaient obérées, et il fallait faire un sacrifice d'argent pour achever l'œuvre commencée.

Toutes ces raisons réunies firent envoyer à Maudave, en octobre 1770, l'ordre d'abandonner le Fort-Dauphin dans le délai d'un mois.

Les Malgaches en furent vite instruits, grâce aux relations on ne peut plus amicales (2) qui existaient entre leurs femmes et les soldats

(1) Archives coloniales, *Madagascar*, 1770.
(2) Ils étaient très flattés lorsque leurs femmes ou leurs filles plaisaient à un Français.

de la garnison. Ces braves gens s'affligèrent
vivement du prochain départ des Français.
Seul, un chef sans autorité, qui vivait dans
les montagnes voisines de la vallée d'Amboule
et ne portait que le titre modeste de capitaine,
se mit à voler les troupeaux des colons, se
croyant assuré de l'impunité. Un jour même,
Ramihoungars, — c'est le nom du coupable, —
fait dévaliser le docteur Munier, qui voyageait
dans l'intérieur de l'île. La victime porte plainte
auprès de M. de Maudave. Le gouverneur,
pensant qu'il ne faut pas laisser perdre le respect de l'autorité et du nom français, envoie
aussitôt M. de Linetot avec trente-huit hommes,
c'est-à-dire presque toute la garnison du fort,
pour sommer Ramihoungars de venir s'expli-
quer à Fort-Dauphin. Le nègre reçoit les

De nos jours, les mœurs sont un peu plus sévères chez
les Hovas que chez les autres peuples de l'île.

Notons, en passant, une coutume assez originale des
Malgaches. Ils pratiquent avant le mariage un noviciat
de quelques jours, et, lorsque les futurs époux se connais-
sent bien, il est assez fréquent que le mariage n'ait pas
lieu. Mais cela ne porte pas atteinte à la réputation de la
jeune fille délaissée.

Français au milieu de tous ses sujets en armes, et refuse d'obéir. M. de Linetot le fait arrêter. Alors un des hommes de la suite de Ramihoungars tire sur M. de Linetot un coup de pistolet qui l'atteint à l'épaule. Les Français, exaspérés, font immédiatement feu sur les Malgaches, puis les chargent à la baïonnette. Les nègres se sauvent, laissant environ cent cinquante hommes hors de combat et leur chef prisonnier. Leurs coups de feu n'avaient atteint personne; M. de Linetot seul était blessé. On reprend le chemin de Fort-Dauphin; mais, à la tombée de la nuit, le petit détachement se perd dans les montagnes et finit par être complètement environné d'une multitude de nègres poussant de grands cris. Les Français s'apprêtaient à recommencer le combat, lorsqu'un interprète leur explique que ces nègres sont tous des sujets de Ramihoungars qui viennent demander pardon et implorer la mise en liberté de leur chef. M. de Linetot déclare devant eux à Ramihoungars qu'il lui fait grâce, parce que la mort d'une partie de sa troupe l'a déjà puni, et qu'il consent à lui rendre la liberté aux conditions suivantes :

1° Les blancs ne seront plus jamais volés ni molestés dans la vallée d'Amboule.

2° Ramihoungars paiera deux cents bœufs d'amende.

3° Il viendra au fort ratifier son serment.

Ces conditions sont acceptées avec reconnaissance, et les Français reprennent leur chemin, guidés par des sujets de Ramihoungars. A peu de distance, ils rencontrent une petite armée de nègres qui venaient à leur secours. Les princes, amis de M. de Maudave, croyaient les Français en danger et venaient attaquer Ramihoungars. On les remercie, et on leur explique que la paix est déjà faite.

Voilà quelle fut, en plus de deux ans, la seule difficulté que les Français eurent avec les Malgaches. On voit combien ces peuplades sont faciles à gouverner.

CHAPITRE IX.

Maudave retarda son départ au delà de la limite fixée, espérant toujours que le gouvernement reviendrait sur sa décision. Enfin, en décembre 1770, il partit, laissant quelques hommes pour la garde du fort (1).

Ce fut un des moments les plus pénibles de son existence.

« Il ne m'appartient pas, écrivit-il au ministre, d'examiner les raisons d'une pareille résolution. Mais il m'est permis de regretter que mon zèle et ma bonne volonté, mes peines et mes travaux, aient été en pure perte, et que le temps, qui eût sans doute justifié et couronné mes spéculations, m'ait manqué. »

Un nouveau déboire attendait Maudave à son retour à l'île de France. Ses propriétés,

_____

(1) Fort-Dauphin a été conquis en 1825 par les Hovas.

abandonnées pendant deux ans à des intendants incapables ou malhonnêtes, avaient
perdu les neuf dixièmes de leur valeur. Au
lieu de rapporter cent ou cent vingt mille
francs par an, ses terres n'avaient rien produit en son absence. Un incendie avait détruit
sa maison et tout ce qu'elle contenait. Il était
donc à peu près ruiné par son séjour à Madagascar. Mais ce qui lui était encore plus sensible, c'était l'obligation de renoncer à son
rêve : il avait espéré relever la puissance coloniale de la France et attacher son nom à une
glorieuse conquête. Un rappel injuste et ma-
ladroit détruisait toutes ses espérances. Voici,
d'ailleurs, comment la chose était jugée dès
l'année suivante sous le ministère de Boynes :

« Les intérêts particuliers du gouverneur
de l'île de France, opposé à l'établissement de
Fort-Dauphin, l'ont rendu contraire à ce projet. Son crédit dans les bureaux de la marine
a prévenu le ministre, et, malgré la solidité des
vues qu'on devait avoir par le projet de l'é-
tablissement de Madagascar, on n'a senti que

quelques inconvénients présents, et l'on n'a pas envisagé qu'avec quatre-vingt-dix soldats et huit pièces de canon (1) on ne pouvait fonder une colonie dans une île de sept cents lieues de tour, et l'on a abandonné ce projet. »

L'important document que l'on vient de lire est extrait du dossier de M. de Maudave aux archives du ministère de la marine. Comme il est daté de 1771, on se demande pourquoi le ministère de Boynes n'a pas réparé l'injustice commise.

Lorsque M. Desroches se vit arrivé à ses fins, il craignit une vengeance de la part de M. de Maudave; peut-être eut-il aussi des remords et voulut-il réparer en partie le mal qu'il avait causé.

Voici des fragments de la lettre qu'il écrivit à ce sujet au ministre :

« ... M. de Maudave, qui avait formé ce projet, y a employé un zèle, une ardeur, des peines et des travaux inconcevables, et des-

(1) En réalité, Maudave n'avait que 54 soldats et 4 pièces de canon.

quels on aurait eu le droit d'attendre les plus
brillants succès, si les circonstances l'avaient
permis...

« Vous connaissez, Monseigneur, l'étendue
du génie de cet officier. J'ai été souvent témoin
de la justice que vous rendez à sa belle âme.
Il a fait dans tout le cours de sa vie des actions
d'honnêteté et de générosité qui le rendent
recommandable à tous ceux qui le connais-
sent.

« A la guerre il s'est conduit avec une intelligence et une bravoure distinguées. Il a par-
ticulièrement les connaissances les plus sûres
de l'Inde, relativement aux localités et à la
politique...

« Les peines, les fatigues, la dureté de la vie
qu'il a menée pour former l'établissement de
Fort-Dauphin et en assurer les progrès, sont
au-dessus de toutes les descriptions que je
pourrais en faire...

« Il s'agit d'un militaire consommé par l'expérience, et qui cependant est d'âge à servir
encore longtemps avec utilité et avec honneur.

Le bien du service exige qu'il soit employé, et sa véritable position est dans les Indes...

« Je vous demande pour lui le gouvernement de Karikal. »

Faut-il voir dans cette conclusion la véritable pensée de M. Desroches ? Ce serait peut-être trop de scepticisme. Mais il est certain que la nomination de Maudave à Karikal aurait débarrassé Desroches de sa présence et écarté la possibilité d'une nouvelle expédition à Madagascar.

M. Poivre, intendant des îles de France et Bourbon, avait joué dans tous ces événements un rôle assez effacé. Favorable à la colonisation de Madagascar, il n'avait pas osé contredire M. Desroches; admirateur de Maudave, il n'avait pas pris sa défense de peur de se compromettre. En présence de la lettre que l'on vient de lire, il s'associa à la démarche de M. Desroches.

« Je ne puis me dispenser, écrivit-il au ministre, de rendre justice au zèle avec lequel M. de Maudave a travaillé pour former l'établissement de Fort-Dauphin. Ses vues étaient grandes et belles. Il a été séduit par l'espérance de les remplir; il en a négligé ses affaires particulières. Il a abandonné des biens considérables qu'il a dans cette île. Il a transporté son épouse et sa famille à Madagascar. Enfin il s'est mis jusqu'au col dans une affaire où il ne pouvait guère espérer tirer du profit et dans laquelle il ne s'est engagé que par l'espérance de faire de grandes choses.

« Un homme qui se laisse enflammer par une si belle passion mérite d'être employé au service du roi, et je le vois avec peine relégué dans sa terre, occupé à la culture de quelques plants de café. Oserais-je réclamer vos bontés pour un serviteur du roi, qui vient de montrer tant de zèle pour un projet dont le seul défaut a été d'être entamé dans des circonstances peu favorables. »

Ces lettres adressées au duc de Praslin arrivèrent trop tard en France : le ministère Choiseul n'était plus au pouvoir.

Le gouvernement anglais, qui avait observé

avec inquiétude tous les actes de Maudave,
applaudit à son rappel. « Les Anglais se sont
réjouis comme s'ils avaient gagné une bataille,
écrivait M. Percheron, chargé d'affaires du
roi au cap de Bonne-Espérance; ce qui
me fait penser que, pour les entretenir dans
l'inquiétude, il serait à propos d'envoyer à
Madagascar les hommes inutiles à l'île de
France. »

La chute du ministère Choiseul donna un
moment d'espoir à Maudave : peut-être le
marquis de Boynes, le nouveau ministre de la
marine, reprendrait-il les projets de colonisation, sans se laisser arrêter par M. Desroches.

Malheureusement Maudave ne connaissait
nullement M. de Boynes. Il lui adressa néanmoins la lettre que l'on va lire (1) :

« Monseigneur,

« Je ne prendrais pas la liberté de vous
écrire, persuadé que mon nom et la nature de
mes services vous doivent être à peu près

(1) 10 novembre 1771.

inconnus, si je n'étais honoré à vos yeux d'un témoignage d'estime et de bienveillance de la part de M. Poivre, qui veut bien s'exprimer plus favorablement que je ne mérite en vous rendant compte des affaires dont j'ai été chargé... (1).

« Je me permets donc de m'adresser à vous, pour vous informer de ma conduite et vous faire parvenir une partie des éclaircissements qui s'y rapportent. Ces pièces, jointes aux comptes que j'ai rendus à M. le duc de Praslin, vous prouveront que si la mission dont ce ministre m'avait chargé n'a pas eu le succès qu'on devait en attendre, ce n'a pas été la faute de mes soins et de mes peines, beaucoup moins encore celle de la justesse de mes spéculations...

« Il faut ici reprendre les choses de plus haut. Je me trouvais à Paris en juin 1767, chargé des affaires de l'île de France. J'avais eu, dans ma première jeunesse, l'honneur d'être

(1) M. Poivre joignit à la lettre de Maudave une chaude recommandation et un grand éloge de cet officier.

connu et même affectionné de M. le duc de
Praslin. Ces anciennes bontés de sa part, et la
mission qui m'avait été confiée, me donnèrent
naturellement un libre accès auprès de lui. Il
me traita avec une bienveillance et une distinc-
tion dont je me sentirai toujours flatté. Il
approuva mes vues sur Madagascar. Mais,
après m'avoir promis des secours, médiocres
à la vérité, mais desquels une répétition régulière et périodique aurait rempli une partie des
vues qu'il avait adoptées, il m'abandonna pendant plus de deux ans, et a fini par ordonner
qu'on me fît revenir à l'île de France. Ce qui
est presque la dernière résolution de son ministère.

« Je conviens que M. le duc de Praslin,
voulant recueillir une abondante moisson sans
avoir rien semé, a pris le bon parti, puisqu'il
était résolu de ne rien faire. M. de Praslin,
ayant mis sa principale confiance en M. Desroches, s'est décidé d'après les comptes que
ce gouverneur a jugé à propos de lui rendre.
Je n'ai pas craint d'écrire au ministre que la

précipitation avec laquelle ces comptes lui ont été rendus devait les lui faire paraître suspects; et je n'ai pas caché à M. Desroches qu'il me paraissait entrer dans sa manière de voir plus de prévention que de raison et de solidité. Je vous prie, Monseigneur, de me pardonner la chaleur de mes expressions. J'écris du style d'un soldat maltraité et qui sent au fond de son cœur qu'il méritait un autre sort.

« En examinant les comptes des administrateurs des îles de France et Bourbon, vous ne verrez que des frais ajoutés à des dépenses. Voilà 12 ou 13 millions qu'il en coûte au roi, depuis qu'il a pris possession de ces îles, sans aucun résultat utile.

« La culture n'y reçoit aucune augmentation sensible. La liberté du commerce, qu'on regardait si mal à propos comme une source de richesse pour l'île de France, n'a produit d'autre effet que de faire regretter le privilège de la compagnie des Indes. Cet effet, si opposé aux vues du gouvernement, je l'avais prédit à M. le duc de Praslin. Qu'est-ce que la liberté de commerce à des gens qui n'ont rien?... L'île de France doit être longtemps un gouffre de dépenses, sans dédommagement apparent...

« Mais, d'un autre côté, mille considérations rendent la conservation des îles de France et Bourbon non seulement intéressante, mais nécessaire à l'État... L'île de France est le seul point d'où nous puissions faire une guerre avantageuse à l'Angleterre... Il faut donc chercher un moyen de diminuer les frais de la conservation de cette île. Telle était la vue immédiate du projet d'un établissement à Madagascar. M. de Praslin en sentit d'abord la conséquence. Mais mon projet et moi nous fûmes bientôt oubliés. M. Desroches écrivit au ministre avec tant de force, qu'il finit au bout d'un an, après des instances réitérées, par me faire rappeler. Et l'on n'a pas seulement daigné adoucir l'amertume d'une pareille résolution, par la plus légère marque d'estime et de satisfaction.

« J'avais fait tout ce que le zèle et la bonne volonté peuvent prescrire. Un séjour de

deux ans à Madagascar, avec 5o soldats, au
milieu d'une multitude de sauvages, attestait
que je ne me plaignais pas de mes peines,
lorsqu'elles pouvaient être utiles au service du
roi. Ma femme même avait bien voulu venir
partager la triste vie à laquelle je m'étais condamné, et m'aider dans les efforts que je
faisais pour civiliser ces barbares. Ce courage
dans une personne de vingt-deux ans fut extrêmement applaudi dans cette colonie...

« Cette mission non seulement m'a ruiné
dans mes affaires personnelles, mais encore
m'a fait passer pour un visionnaire plus dangereux qu'utile au service de Sa Majesté...

« Je vous supplie de vous faire rendre
compte de tous les détails relatifs à l'affaire
de Madagascar, et de la conduite que j'y ai
tenue...

« Après avoir examiné les pièces qui y sont
relatives, s'il vous paraissait utile de reprendre l'exécution de ce projet, je vous offre de
bon cœur mon expérience et ma bonne volonté...

« Il serait digne de vous de ressusciter ce beau projet. Son succès ferait une partie de l'honneur de votre ministère, et la postérité applaudirait à votre courage et à votre résolution. »

Quelques mois après, Maudave revenait à la charge :

« J'ai toujours, disait-il, l'île de Madagascar dans la tête... Voulez-vous, Monseigneur, en faire l'expérience? Donnez-moi 300 hommes à mon choix; faites pourvoir à leur subsistance, et vous verrez une grande région devenir chrétienne et française, dans un espace de temps assez borné. »

Un voyageur célèbre, Charpentier de Cossigny (1), eut à cette époque l'idée de s'associer aux projets de Maudave. Celui-ci le pria d'aller faire une dernière tentative auprès de M. de Boynes.

(1) Ingénieur militaire, membre de l'Académie des sciences, auteur de nombreuses relations de voyages, de mémoires sur les colonies, et de 3 volumes publiés en 1802 sous le titre de *Moyens d'amélioration pour les colonies.*

« M. de Cossigny, écrivit-il, pourra vous dire, Monseigneur, combien l'exécution du projet de Madagascar était facile et avantageuse...

« Sans M. Desroches, je serais encore au Fort-Dauphin... Mais, trois semaines après son arrivée, je le trouvai si opiniâtrément décidé contre tout ce que j'avais à lui dire, que ce ne fut pas difficile de prévoir la catastrophe...

« M. Desroches avait pris un chemin bien court pour éluder mes représentations : c'était de ne pas m'écouter, ou de nier tout ce que j'avançais, même les choses de fait. Je lui remis un mémoire rempli de si fortes raisons, qu'il eût été victorieux et péremptoire pour tout autre moins prévenu. Il se mit à l'abri de la séduction en me le rendant sans le lire. Il eut cependant la bonté de me communiquer sa lettre offensive (1) à M. le duc de

---

(1) Il ne communiqua que sa première lettre. Maudave ignora les suivantes.

Praslin. Je disais blanc, il disait noir. Mieux établi dans la confiance du ministre, il remporta sur moi un triste avantage... »

Cossigny partit avec cette lettre le 12 avril 1772. Après son départ, Maudave, reprenant un peu d'espoir, se mit à rédiger un très long mémoire sur Madagascar (1). Cet écrit est fort intéressant, mais nous n'en donnerons que de très courts extraits, car l'auteur y reprenait tous les arguments qu'il avait employés depuis quatre ans. Nous supprimons donc toutes les pages qui ne seraient pas nouvelles pour le lecteur.

« L'expérience de deux siècles a dû apprendre à l'Europe ce que c'est que la fondation d'une colonie. Nos efforts en cette partie se sont tournés surtout vers l'Amérique. Depuis la découverte de cette vaste région, je ne connais aucune grande entreprise de ce genre dans l'ancien monde, à la réserve de l'établissement des Hollandais au cap de Bonne-Espé-

(1) Il est probable que ce mémoire ne fut pas envoyé au gouvernement, car il n'est pas dans les archives.

rance, entreprise judicieuse, suivie avec une constance admirable, et qui paie par ses succès les peines et les soins qu'elle a coûtés.

« Cette colonie rentre dans la classe de tous nos établissements de l'Amérique septentrionale, et même de quelques-uns de l'Amérique méridionale; c'est-à-dire qu'il a fallu, avec des travaux immenses, défricher et peupler une terre agreste et sauvage, y conduire un peuple nourri, vêtu, instruit dans les arts, en un mot, y transporter une société toute formée, ce qui n'a pu se faire qu'à force de temps et de dépenses... Ce n'est donc pas un médiocre avantage que de se trouver à cet égard dans un cas différent.

« L'île de Madagascar nous offre des ressources que l'Amérique septentrionale ne présente pas. Nous ne la considérons ici que par rapport à la culture et à la subsistance. Nous reprendrons ensuite les avantages relatifs au négoce et ceux qui intéressent essentiellement notre position dans les Indes...

« Quoique les habitants de Madagascar ressemblent en quelques points aux sauvages du Canada, ils sont moins féroces, moins paresseux; ils ont quelques idées de police et même de commerce; ils obéissent à des lois grossières, si l'on veut, mais pourtant répressives. Ils cultivent la terre; ils ont même fait à cet égard de grands travaux. Ils n'ignorent pas absolument les arts. L'écriture même est parmi eux d'un usage assez commun. Ils ont des livres historiques très embrouillés (1), des livres de médecine, d'astrologie, de morale.

« Il est donc plus facile de s'établir au milieu de ce peuple, de s'y procurer une subsistance assurée, qu'il ne l'a été de fonder tant de colonies dans les deux Amériques...

« Ce peuple est naturellement imitateur. Ce goût est si puissant, qu'il surmonte sa paresse originelle...

« Bien que la partie méridionale de Madagascar ne soit pas la plus riche et la plus fertile

(1) A l'époque où il écrivait ses premiers mémoires, Maudave ignorait l'existence de livres historiques à Madagascar.

de cette grande île, c'est au Fort-Dauphin qu'il convient de porter le premier établissement.

« Par une bizarrerie de la nature, cette portion de terre est en effet seule à l'abri d'une infection mortelle et trop généralement répandue. Ceci mérite pourtant une restriction, car la malignité de l'air ne règne que sur les côtes, de sorte qu'elle forme autour de l'île un cordon impénétrable, avec plus ou moins d'épaisseur suivant la constitution des différents pays...

« La mer jette autour de l'île un amas immense de sable et de corail, qui arrête l'écoulement des eaux et les fait refluer dans les terres, où elles croupissent et infectent l'air. Cet inconvénient n'a pas lieu dans les environs du Fort-Dauphin, où les deux rivières de Fanshère et d'Itapère arrivent librement à la mer et laissent le pays plus sec qu'aucune autre partie de l'île; avantage qui peut être aisément augmenté, en procurant à trois ou quatre grands étangs, qui ne se dégorgent pas assez, une pente suffisante pour l'écoulement des eaux...

« En se bornant à la contrée du Fort-Dauphin et à la vallée d'Amboule, pour commencer, et en profitant des ressources territoriales, nous serions aussi puissants et aussi accrédités dans la totalité de l'île que si nous l'avions embrassée dans un établissement général. Notre influence s'étendrait de proche en proche dans toute la largeur du pays... Nous connaissons assez les dispositions des insulaires pour annoncer quelle sera leur conduite : les chefs les plus sages et les plus considérés prêteront serment de fidélité au roi, et se mettront sous la protection du gouvernement, substituant la liberté de leurs personnes à la conservation de leurs droits et à la paisible jouissance de leurs biens, c'est-à-dire de leurs esclaves et de leurs troupeaux.

« Ils engageront même quelques blancs à se fixer dans leurs villages, en leur donnant des femmes, des terres et des bœufs. Les blancs leur apprendront les genres de culture incon-

nus à Madagascar. Les noirs libres demande-
ront à travailler pour nous, afin de gagner leur
vie. La nourriture et les vêtements ont de
grands attraits pour eux. Dès qu'ils s'en ver-
ront assurés, malgré leur paresse, ils ne se
plaindront pas de leurs peines... J'ai déjà dit
que les habitants de Madagascar étaient sans
religion. Il est probable que le christianisme
fera de très grands progrès dans l'île. Mais il
ne faut le présenter à ces peuples que dans son
appareil de douceur et de majesté, et n'employer d'autres armes que la persuasion...

« Lorsqu'on traite ces grands objets avec les
insulaires, ils écoutent attentivement ce qu'on
leur dit et conviennent de toutes les vérités,
mais ils disent naturellement que tant de perfection est au-dessus de leurs forces : « Prenez
nos enfants, disent-ils, ils sont d'âge à suivre
vos maximes; mais nous, nous sommes trop
vieux pour changer de vie... »

« La partie de l'île où est le Fort-Dauphin
renferme au moins quatre cents villages. Je les
ai presque tous visités ou fait visiter, et il n'y a

guère de famille considérable dont je n'aie
entretenu les chefs. La jeunesse du pays nous
est singulièrement affectionnée et rien n'est plus
facile que d'en tirer des services importants...

« Mais, dira-t-on, vous avez échoué dans la
première tentative. Pouvez-vous garantir qu'il
n'en sera pas de même de la seconde?

« Je réponds que la deuxième tentative ne
sera pas plus heureuse que la première, si l'on
suit les mêmes erreurs. C'était une chose au-
dessus de tout pouvoir humain que de réussir
dans un dessein d'une pareille importance,
malgré l'abandon général où l'on m'a laissé, et
malgré les traverses sourdes que l'on m'a sus-
citées. Point d'ouvriers, point de cultivateurs,
personne en état de m'aider...

« Cependant le temps et les dépenses n'ont
pas été tout à fait perdus. Je me suis assuré
des dispositions de ces peuples, en étudiant
leurs mœurs et leurs coutumes. J'ai parfaitement reconnu une partie considérable du pays,
et vu par mes yeux tout ce qu'on peut se promettre du sol...

« Je n'ai rien demandé de trop pour commencer l'ouvrage; c'est par la réunion des moyens que je propose qu'on peut uniquement se promettre d'en sortir avec honneur...

« J'ai beaucoup cherché à savoir au juste la population de la partie méridionale de l'île, mais je ne peux guère en parler que par approximation.

« Les pays compris entre les rivières de Mananpani et de Mandrere doivent contenir plus de huit cents villages. Ainsi cette grande province, où se trouvent les contrées d'Anossi, d'Amboule, de Fangaterre, des petites Machicores, de Mandrorey, d'Espierres, d'Alfissac, et quelques autres dont les noms m'échappent, ne doivent pas renfermer moins de quatre cent mille habitants. C'est cette masse de peuples que je veux rendre chrétienne et française; et ce changement opérera une révolution générale dans tout ce grand pays... »

Cossigny demanda instamment au ministre d'être chargé, conjointement avec Maudave, de reprendre la colonisation de Madagascar.

« M. de Maudave, écrivait-il, joint aux lumières de l'esprit une âme belle et noble, qui se laisse enflammer à la vue des grandes choses. Peu susceptible d'être séduit par l'intérêt, qui n'est que la passion des hommes médiocres, la gloire de servir utilement le roi et sa patrie est le seul motif de son enthousiasme. Ce sentiment est une suite de ses réflexions, de sa sagacité, de son zèle pour la prospérité de la nation...

« Philosophe, il dédaigne les honneurs. Patriote, il les recherche pour se rendre utile à sa patrie.

« L'opinion d'un homme aussi éclairé, sur un établissement à Madagascar, nous paraît devoir prévaloir sur celles des personnes qui l'ont combattu.

« Qu'on ne croie pas que nous nous soyons laissé séduire par un respect aveugle pour l'opinion du citoyen éclairé dont nous avons fait l'éloge, ou par un enthousiasme irréfléchi.

« Avant que nous connussions M. de Maudave, les connaissances que nous avions acquises dans le cours de nos voyages nous avaient fait regarder un établissement à Madagascar comme aussi essentiel à l'accroissement des îles de France et Bourbon qu'avantageux en lui-même à la nation...

« Nous proposons avec M. de Maudave de nous établir à Madagascar, de nous en rendre les législateurs et les souverains, de lui donner notre religion, de lui inspirer nos mœurs, en un mot, de le civiliser... »

Cossigny développait ensuite tous les arguments déjà exposés dans les mémoires de Maudave. Il concluait en proposant que le roi donnât la propriété de Madagascar à une compagnie jouissant des droits et privilèges de l'ancienne compagnie des Indes.

CHAPITRE X

Suivant quelques écrivains, ce sont les lettres de Maudave à M. de Boynes qui décidèrent ce ministre à reprendre le projet abandonné. Mais, par une inconséquence bizarre, c'est à Beniowski (1) que l'expédition fut confiée.

Cette injustice fut très sensible à Maudave. « Un autre, écrivit-il au ministre, va recueillir le fruit de mes peines et de mes travaux. Car si l'on peut espérer s'établir à Madagascar avec succès et solidité, j'en ai le premier trouvé et indiqué les moyens. Ce projet, par des circonstances qui ne dépendaient pas de

(1) Le comte de Beniowski, d'une bonne famille hongroise, quitta son pays pour aller conspirer en Russie. Il fut condamné à la déportation au Kamtchatka. Il s'en échappa grâce à la fille du gouverneur, qu'il enleva, et parvint à gagner la France après de nombreuses péripéties de voyage.

moi, me coûte ma fortune. Il fera celle d'un autre. *Non equidem invideo.* »

Mais Beniowski était protégé par la reine et par le duc d'Aiguillon. Son passé romanesque, ses aventures dramatiques, l'avaient mis à la mode. Maudave, au contraire, n'avait pas paru à la cour depuis six ans; les absents ont toujours tort; puis il n'était pas intrigant et ambitieux comme Beniowski. Aussi l'un a passé presque inaperçu à cause de l'autre. Mais, en allant au fond des choses, on constate d'abord que Beniowski a récolté ce que Maudave avait semé; de plus, on voit que les résultats dont il s'est tant glorifié n'ont pas été aussi brillants qu'on l'a dit.

M. Ackerman a écrit (1) : « Les fonds confiés à Beniowski eussent suffi pour la réussite complète des projets de Maudave. Celui-ci ne demandait que soixante-treize mille francs. On aima mieux passer à Beniowski les deux millions qu'il y a dépensés sans résultat. »

_____

(1) *Révolutions de Madagascar.*

L'aventurier hongrois débarqua à la baie
d'Antongil en 1774, avec un régiment, de
l'argent et des marchandises, trois choses que
l'on avait toujours refusées à Maudave. Il
s'inspira de ses idées et de ses plans ; mais il
commit plusieurs fautes capitales. La baie
d'Antongil, située à 300 kilomètres au nord
de Tamatave, était un emplacement médiocrement choisi pour la fondation d'une colonie.
Beniowski arriva en conquérant, et voulut in-
timider les Malgaches, au lieu de négocier paci-
fiquement avec eux. De plus, il se mit à faire la
traite des nègres. Ce fait a été nié, mais nous
avons eu entre les mains le contrat d'associa-
tion fait par Beniowski d'une part, et deux
négociants du cap de Bonne-Espérance d'autre
part, pour le trafic des nègres de Madagascar.
Maudave avait eu le bon sens et l'humanité
d'interdire strictement la traite des noirs.

On comprend aisément que Beniowski ne
fut pas aimé des peuples qui le virent se livrer
à ce commerce. Aussi fut-il en guerres continuelles avec les Malgaches. Mais, dès le début,

il exagéra ses succès, et parvint bientôt à faire croire en France qu'il était roi de Madagascar. Les historiens ont presque tous répété cette assertion. Or, s'il fut souverain d'une petite partie de l'île, il est certain que son autorité ne s'étendit pas bien loin.

Nous nous contenterons de renvoyer les lecteurs au journal de Lassalle (1) et au journal de Mayeur (2). Lassalle était l'un des officiers du régiment de Beniowski; Mayeur était l'interprète de l'expédition. On verra par leurs récits dans quel état de dénuement et d'impuissance était le prétendu roi de Madagascar. Son autorité était absolument nulle. L'île était partagée entre une foule de petits souverains indépendants et souvent ennemis les uns des autres. Beniowski était moins obéi par les princes ses voisins, que Maudave ne l'était à Fort-Dauphin.

(1) Archives du ministère de la guerre, *Fortifications des colonies.*

(2) Ce manuscrit fait partie des papiers de M. Eugène de Froberville, un savant bien connu de tous ceux qui ont

D'ailleurs, un détail aurait dû éveiller tout d'abord les soupçons. Beniowski, lorsqu'il se proclama *ampansacabé,* c'est-à-dire chef suprême de l'île, fit dresser un procès-verbal de cette mémorable cérémonie. (Nous croyons que ce procès-verbal n'arriva au ministère de la marine qu'après la mort du célèbre aventurier). Ce document donne les noms de trente-trois rois présents à cette fête, mais il ne porte que deux signatures. On objectera que les trente et un autres ne savaient pas écrire le français. Mais comment Beniowski ne les a-t-il pas fait signer en caractères arabes (1), ou ne leur a-t-il pas demandé d'apposer un paraphe, un signe quelconque à côté des deux signatures de leurs collègues?

Les historiens ont beaucoup parlé du chemin construit par Beniowski à Louisbourg. Or ce

étudié les questions coloniales, et dont les archives contiennent de véritables trésors.

(1) On a vu, dans les mémoires de Maudave, que les Malgaches écrivaient avec l'alphabet arabe. L'aristocratie du pays était d'origine arabe.

chemin n'a jamais existé que sur les cartes expédiées par Beniowski au ministère de la marine. Les commissaires envoyés par le gouvernement de Louis XVI, MM. de Bellecombe et Chevreau, ont formellement déclaré dans leur rapport qu'ils n'avaient pas trouvé trace de la fameuse route, l'une des gloires de Beniowski (1).

On lira peut-être avec intérêt les lignes suivantes de la Pérouse, qui commandait alors le vaisseau sur lequel les commissaires en question firent le voyage (2) :

« Je ne sais de quels sentiments furent agités MM. de Bellecombe et Chevreau en voyant le misérable état de cette colonie naissante, mais ma surprise ne peut être exprimée, quoique je fusse prévenu du peu de progrès de cet établissement. M. de Beniowski s'est placé au milieu d'un marais; les palissades des cabanes où logent les officiers sont pourries par l'humidité. Heureusement les Euro-

(1) Archives coloniales, *Madagascar*, 1776-1777.
(2) *Id.*

péens qui sont sous les toits ne craignent pas
d'être écrasés par la chute de la charpente,
qui n'est que de bambou...

« Enfin on manquait de tout et il était impossible de se procurer une volaille. Les visages
étaient encore plus livides qu'à Foulepointe.
Aux fièvres s'était joint le scorbut, par la disette
totale de végétaux et la trop grande humidité
de l'air. Les noirs, auxquels M. de Beniowski
avait presque continuellement fait la guerre
depuis son arrivée, avaient laissé leurs terres
en friche et s'étaient retirés dans les bois...

« J'avais eu connaissance d'un plan, à l'île de
France, où le misérable hameau que je voyais
était appelé *ville de Louisbourg;* on y avait
tracé des rues, un fort régulier y était dessiné.
Ce n'était vraisemblablement qu'un projet que
les circonstances n'ont pas permis d'exécuter.
M. de Bellecombe ne cessait de demander à
M. de Beniowski où était cette ville dont il
avait tant entendu parler... Quant au chemin de Bombetok, il n'a seulement jamais
été tracé.

« Je ne crois pas que tout ce qui existe en bâtiments et forts à Madagascar puisse être estimé au delà de 10,000 livres (1). »

A cette lettre de la Pérouse, était joint un rapport d'un autre officier, concluant à l'évacuation de Louisbourg et à l'occupation de Fort-Dauphin, « dont Maudave, écrivait-il, a si clairement démontré les avantages. »

Beniowski fut bientôt, comme Maudave, complètement abandonné par le gouvernement. Mais cette fois l'abandon avait de justes motifs.

Il paraît certain que si Maudave avait eu, comme Beniowski, deux millions à dépenser et un régiment à sa disposition, la conquête pacifique de Madagascar était assurée.

Beniowski eut tout de suite gaspillé les fonds qui lui étaient confiés et demanda deux autres millions pour achever l'œuvre commencée. Mais le gouvernement, dont la confiance était ébranlée, les refusa. « J'aimerais mieux, écrivait le ministre de la marine, vous voir em-

(1) A ce moment deux millions étaient déjà dépensés.

ployer les moyens de douceur et de persuasion. Vos exploits militaires épuisent votre troupe, sont dispendieux, et l'issue peut en être funeste. Je sais, d'un autre côté, que vous n'avez pas toujours été le maître des événements. »

Les intendants de l'île de France (1) n'étaient pas fâchés au fond du dénuement où se trouvait Beniowski, et ne faisaient rien pour lui venir en aide. « Le désordre qui règne à Madagascar, répétaient-ils au ministre, continue et augmente chaque jour. Tous les renseignements nous confirment dans notre opinion sur cet établissement ruïneux et homicide. »

La mortalité était effrayante en effet à Louisbourg, grâce aux émanations des marécages et à l'incurie de Beniowski, qui laissait sa troupe manquer de tout. Lorsqu'on lui reprocha de ne pas s'être occupé de la question des vivres : « Je suis soldat, répondit-il; l'honneur est ma seule nourriture. » Il paraît que ses

(1) MM. Ternay et Maillart.

compagnons étaient moins faciles à nourrir, car ils moururent presque tous. A la revue d'inspection du 30 décembre 1779, le prétendu roi de Madagascar constata que ses troupes ne se composaient que de soixante-huit hommes (1), presque tous épuisés par les fièvres.

Quand il se vit définitivement abandonné par le gouvernement, Beniowski offrit ses services à l'Autriche, puis à l'Angleterre, enfin aux États-Unis (2).

Mais en même temps il implorait l'appui du comte de Vergennes, ministre des affaires étrangères de Louis XVI. M. de Vergennes était en effet le seul ministre qui fût resté favorable à la colonisation de Madagascar. Si l'éminent homme d'État avait eu les colonies dans ses attributions, les événements auraient pris une autre tournure. Il regrettait le choix que l'on avait fait de Beniowski, mais il pensait qu'en lui laissant peu d'initiative et en le tenant, pour ainsi dire, en tutelle, il n'était

(1) Archives coloniales, *Madagascar*, 1778.
(2) Pauliat, *Madagascar*.

pas impossible de tirer parti de cet aventurier. Maudave était mort, et il n'y avait pas de candidat sérieux à sa succession.

Beniowski, comprenant que son dernier espoir était dans l'intervention de M. de Vergennes, lui écrivit (1) :

« Pénétré de la plus vive douleur de voir que le gouvernement renonçait à Madagascar, et voyant qu'après cinq ans de sollicitations, il ne me reste plus d'espoir d'obtenir le soutien nécessaire pour consolider les avantages obtenus auprès des peuples de cette île, j'ose faire le dernier effort, en vous suppliant d'obtenir pour moi l'agrément de Sa Majesté, pour que je puisse me rendre à Madagascar avec quelques officiers et ouvriers. Je m'engagerai à former une colonie dans cette île et à procurer les avantages les plus considérables à la monarchie française. »

(1) Cette lettre fut écrite pendant le voyage que fit Beniowski à Vienne et à Londres, afin d'y trouver l'aide et les secours dont il avait besoin pour continuer ses projets sur Madagascar.

Beniowski espérait que M. de Vergennes ignorerait les offres qu'il faisait à l'Angleterre à la même époque (1783). Mais le ministre était trop bien informé pour être la dupe de Beniowski; seulement, en présence des négociations de ce dernier à Londres, Vergennes comprit, avec sa clairvoyance habituelle, le danger qu'il y aurait à laisser Madagascar tomber aux mains de l'Angleterre. Il se hâta d'écrire au maréchal de Castries, ministre de la marine (1) :

« Dans la crainte que les Anglais ne fassent quelque tentative pour former des établissements à Madagascar, ne conviendrait-il pas de laisser M. de Beniowski faire un nouvel essai sous la protection du roi? Il est possible de lui imposer des conditions qui mettent Sa Majesté à portée de profiter de ses travaux en cas de succès, ou de prévenir qu'il ne constitue ses associés dans trop de frais, si l'on s'a-

(1) 19 juin 1783. Voir archives coloniales, *Madagascar*, 1783.

perçoit que l'établissement ne puisse pas prospérer. »

Mais l'avertissement de M. de Vergennes ne
fut pas écouté (1).

Beniowski retourna à Madagascar sur un
navire américain. On connaît peu les causes
des difficultés qui s'élevèrent alors entre lui et
le gouverneur de l'île de France. Magellan,
qui a publié les mémoires de Beniowski,
affirme que cet aventurier commença les hostilités contre les négociants français établis à
Madagascar; c'est pour les protéger que le
gouverneur de l'île de France aurait envoyé
des troupes.

(1) On reproche continuellement aux ministres de la
fin de notre ancienne monarchie de n'avoir eu aucun
souci de la puissance coloniale de la France. Tout en
regrettant cette tendance, il faut reconnaître qu'ils y ont
été le plus souvent obligés par les événements. Mais
nous n'avons pas à discuter ici cette grave et difficile
question. Constatons seulement que Vergennes, « un des
grands noms, un des derniers grands représentants de
notre diplomatie, » ainsi que l'a appelé M. Geffroy
(*Histoire de Gustave III*), était sur ce point du même
avis que Colbert et Richelieu.

Ce qui est certain, c'est que Beniowski périt dans un engagement contre les soldats français.

Après sa mort, on trouva sur lui une lettre adressée à M. de Vergennes (1). Il lui demandait encore son appui et protestait de son dévouement aux intérêts français. Or, huit jours auparavant, il avait déclaré aux administrateurs de l'île de France qu'il venait de placer Madagascar sous le protectorat de l'empereur d'Autriche. Il joua donc une perpétuelle comédie.

Beniowski, malgré ses fautes et ses travers, avait des qualités incontestables. MM. Motais de Narbonne et de Souillac ont été injustes envers lui lorsqu'ils l'ont accusé d'avoir volé les employés du roi à Madagascar (2). C'était un écervelé, mais il était incapable d'une action basse et méprisable. Ce qui a motivé cette accusation, c'est le désordre qui régnait dans

(1) Cette lettre a été déposée aux archives coloniales.
(2) Archives coloniales, *Madagascar*, 1786

l'établissement de la baie d'Antongil, et le gas-
pillage que fit Beniowski des sommes considérables destinées à son entreprise (1).

Beniowski avait pour lui, comme Maudave,
une grande intelligence et une bravoure hé-
roïque, un profond mépris du danger et de la
souffrance. Mais moins scrupuleux et moins
loyal, il était en outre détestable administrateur, et prêt à sacrifier le bien de l'État à son
ambition. On peut lui pardonner son manque
de patriotisme, puisque en somme il n'avait
pas de patrie. Mais il se crut trop vite délié de
ce qu'il devait à la France, envers laquelle il
avait pris des engagements formels. Il est
étrange de voir le colonel d'un régiment français faire des offres de service à des puissances rivales de la France.

En somme, Beniowski était un cerveau mal
équilibré; il n'avait aucune des capacités néces-

(1) Des renseignements qui viennent de nous parvenir
nous permettent d'affirmer qu'il ne reste plus trace de
l'établissement de la baie d'Antongil, contrairement à ce
qui a été écrit par les admirateurs de Beniowski.

saires pour réussir dans une entreprise aussi
difficile et aussi complexe que la colonisation
de Madagascar.

CHAPITRE XI.

L'un des principaux arguments des adversaires de la colonisation de Madagascar, ce sont les échecs réitérés que nous y avons autrefois subis. Mais le massacre de 1672 a été amené par notre maladresse et par les fautes graves que nous y avons commises. Puis, au dix-huitième siècle, il n'y eut, à proprement parler, que deux tentatives de colonisation : celle de Maudave et celle de Beniowski. La dernière aurait probablement réussi, si elle eût été confiée à quelqu'un de plus capable et de mieux secondé par le gouvernement.

Quant à celle de Maudave, il résulte de tout ce que l'on vient de lire, qu'elle n'a pas échoué. « L'entreprise de Maudave, a dit Cossigny (1), était en voie de prospérer quand on l'a supprimée. »

(1) *Moyens d'amélioration*, t. II.

Ainsi que nous l'avons déjà fait remarquer, un officier et 5o hommes, livrés à leurs propres ressources, ne pouvaient conquérir un pays plus vaste que la France.

Maudave a fait tout ce qu'il pouvait faire : sans argent, sans troupes et sans marchandises de traite, il a établi son autorité sur une province considérable, et il a reçu la soumission de tous les souverains qui l'entouraient.

L'ordre n'a jamais été troublé dans la petite colonie. Les Français vivaient en parfaite harmonie avec les Malgaches, dont un grand nombre demandaient à être enrôlés dans notre armée.

Des sous-officiers et même de simples soldats épousaient des princesses du pays; entre autres, le docteur Boucher, dont le fils devint roi des Betsimisaraks (1).

Maudave était aimé et respecté. Sans l'incroyable abandon où il a été laissé, on peut affirmer que la colonie se serait promptement

(1) L'une des principales peuplades de Madagascar.

développée. « Si l'établissement de Fort-Dauphin avait duré un an de plus, la souveraineté de Madagascar aurait été dévolue à la France par les indigènes (1). »

Maudave a été relevé de son poste sans que rien n'ait justifié cette mesure. Le seul motif en a été « l'inconstance du gouvernement, abusé par les rapports ridicules de Desroches (2). »

Nous en concluons que l'expérience faite à Fort-Dauphin, loin d'être un argument contre la colonisation de Madagascar, est au contraire un argument en faveur de cette entreprise.

Nous reconnaissons que la conquête de la grande île africaine serait difficile et coûteuse, mais, à notre avis, les avantages que la France en retirerait seraient infiniment supérieurs aux sacrifices qu'il faudrait faire.

Cette assertion a été suffisamment démontrée par des écrivains plus autorisés que nous. Rappelons seulement qu'il ne s'agit pas,

(1) Boucher, *Journal manuscrit.*
(2) Cossigny, *Moyens d'amélioration*, t. II.

comme au Tonkin, de s'attaquer à une nation de quatre cents millions d'âmes. La population de Madagascar est évaluée à quatre ou cinq millions, dont la majorité est favorable à la France et hostile aux Hovas.

Nous sommes loin de prétendre que ces derniers soient des adversaires impuissants (1).

Mais il est permis d'affirmer que la prise de Tananarive nous livrerait Madagascar. De nombreux habitants des îles Maurice et de la Réunion, atteints par la crise actuelle, y émigreraient aussitôt. Ce seraient des colons tout

(1) Grâce aux hésitations de notre politique, les Hovas ont eu le temps de s'armer et de s'instruire. On estime à 40,000 hommes les forces que nos ennemis ont actuellement sous les armes. Ils sont bien commandés par le colonel Willoughby et des officiers anglais et américains. Une partie de leurs troupes ont le fusil Snider et s'en servent passablement. Les Hovas sont d'excellents marcheurs; une discipline rigoureuse les oblige à se battre avec courage. Tout homme qui fuit devant l'ennemi, sans que ses chefs lui en aient donné l'ordre, est brûlé vif. Celui qui perd son fusil a la tête coupée.

Ces renseignements nous sont communiqués par l'un des officiers les plus distingués de la marine française.

acclimatés. Déjà, sans attendre l'issue des événements, une société mauricienne de colonisation à Madagascar s'est fondée (sous la présidence de l'honorable Henry Adam), et compte parmi ses membres beaucoup de notables de l'île Maurice. On lit dans le premier bulletin publié par cette société (1) : « Nous retrouverons à Madagascar, dans cette terre française, la nationalité perdue que nous aurons la certitude, la joie immense de rendre à nos enfants. »

On remarquera à ce propos que dans l'île Maurice, possession anglaise depuis soixante-quinze ans, le nombre des personnes nées en France est supérieur au nombre des personnes nées aux Iles-Britanniques (2).

Mais on a l'habitude de répéter que la France n'est pas un pays colonisateur, et l'on

(1) Octobre 1885.

(2) 616 nées en Angleterre, et 667 nées en France.
Nous devons ces chiffres à l'obligeance de M. Th. Sauzier, un chercheur, qui a beaucoup étudié les questions coloniales.

en conclut que les colonies lui sont inutiles!
On dit également que Madagascar est un débouché pour les produits anglais bien plutôt que pour les nôtres.

Or, si l'on examine la statistique du commerce pour Sainte-Marie, l'on trouve les chiffres suivants (1), par année moyenne :

Navires français, 18,700 tonneaux.
Navires étrangers, 1,391   —

Nous ne pouvons retrouver les chiffres
exacts du commerce de Tamatave, mais il est
certain que la proportion est à peu près la
même.

Dans l'Indo-Chine, au contraire, c'est le
commerce anglais qui est supérieur au commerce français. La comparaison conclut donc
évidemment en faveur de l'occupation de Madagascar.

Avant la guerre, les seuls ports de Tamatave et de Majunga « faisaient un commerce

(1) Castonnet des Fosses, *Madagascar*, 1884.

annuel d'une quarantaine de millions avec l'Europe et l'Amérique (1). »

La société mauricienne dont nous venons de parler a déjà une concurrence : on annonce la formation récente à Tamatave d'une société de colons français; elle a pour but de faciliter l'établissement de nos nationaux dans cette île (2).

Il y a à Madagascar une terre d'une étonnante fertilité et des richesses de toute sorte à exploiter. Les futurs colons n'auront que l'embarras du choix. Nous appelons leur attention sur une source de richesses que la plupart des ouvrages sur Madagascar n'ont pas indiquée : la vigne.

On a vu, dans les mémoires de Maudave, que les coteaux de Fort-Dauphin produisaient de bon vin, presque sans être cultivés.

On a planté dernièrement des vignes dans

---

(1) Lettre de M. le vice-amiral Thomasset aux chambres de commerce, *Bulletin de la société des études coloniales et maritimes*, septembre 1885.

2) *Id.*

une région toute différente, aux environs de Tamatave. « Elles viennent, pour ainsi dire, sans culture, écrit M. Castonnet des Fosses (1), tant la nature du sol leur est favorable. Mais les Hovas récoltent le raisin avant qu'il ait atteint sa maturité. » Aujourd'hui que le phylloxera a ruiné tant de viticulteurs, n'est-ce pas une fortune assurée pour les colons qui planteront de la vigne à Madagascar (2)?

Enfin la seule exploitation des mines serait une raison suffisante en faveur de l'occupation de ce merveilleux pays.

On aura une idée de leur diversité en lisant l'article 10 du code hova :

« La fouille des minerais d'or, d'argent, de cuivre, de fer, de plomb, de pierres précieuses, de diamants, de houille, etc. (3), est interdite. Ceux qui contreviendront à cette loi

(1) Madagascar, 1884.

(2) Voir sur ce sujet *Vingt ans à Madagascar*, par le P. de la Vaissière.

(3) Il faut y ajouter des mines d'étain et de pétrole, et un gisement de bitume.

seront condamnés à vingt ans de fers (1). »

De tout temps, les Malgaches se sont opposés à l'exploitation des mines ; c'est ce qui fait que l'on connaît imparfaitement leur importance. Le peuple est persuadé que, si l'on creusait la terre, il s'en échapperait de mauvais génies qui jetteraient un sort sur les travailleurs.

L'origine de cette croyance n'est pas aussi absurde qu'elle en a l'air : les fièvres de Madagascar sont plus fréquentes et plus dangereuses dans les endroits où la terre a été remuée. Il en est de même de presque toutes les terres vierges.

Pourtant le premier ministre Rainilaiarivony commence, dit-on, à exploiter une mine d'or aux environs de Tananarive.

Le *British Trade Journal* du 11 juin 1885 a publié les lignes suivantes : « On assure, malgré les tentatives que l'on a faites pour laisser ce détail ignoré, que deux caisses d'or

(1) Crémazy, *Notes sur Madagascar.*

de Madagascar ont été récemment expédiées sur l'Angleterre. Cet or a été trouvé dans la partie centrale de l'île. »

De plus, il résulte de l'enquête faite en 1884 par la commission de la chambre des députés qu'un négociant de Marseille a reçu dans les six derniers mois de 1883 pour trente-six mille francs de poudre d'or (1).

Voici, à l'usage des futurs chercheurs d'or, quelques indications sur les mines de Fort-Dauphin; elles sont attribuées à Commerson, mais nous pensons qu'elles sont plutôt de Maudave : « Les gens du pays ne placent pas les mines au même lieu que Flacourt. Selon eux, elles sont beaucoup plus près de l'ancien fort des Portugais; elles tiennent à des masses de rochers qui bordent un côté de la rivière de Fanshere, vis-à-vis l'île sur laquelle on voit les murs élevés autrefois par les Portugais. Un Indien, que je consultais, ajoutait que

(1) Déposition de M. Mante.
Voir aussi M. Hue, *la France et l'Angleterre à Madagascar.*

les rameaux de cette mine sont cachés très avant dans l'eau. »

Quant aux mines de houille, on sait déjà qu'elles fournissent du charbon de très bonne qualité. Il est inutile d'insister sur l'importance qu'il y a pour la marine française à posséder un dépôt de houille dans ces parages, et à ne plus être tributaire des ports anglais.

La correspondance de Maudave a suffisamment exposé les autres ressources de Madagascar. Un grand nombre d'ouvrages modernes reproduisent ses arguments en faveur de la colonisation de ce beau pays. Nous n'avons donc pas à y revenir ici.

A l'heure où nous terminons ces lignes, une dépêche annonce la signature d'un traité avec les Hovas, et nous sommes profondément étonné d'apprendre que le gouvernement considère ce traité comme un succès.

Sans doute, l'occupation de la magnifique baie de Diego Suarez est de la plus haute importance pour la France. Mais, en faisant la guerre aux Hovas, notre gouvernement se

proposait principalement de sauvegarder l'indépendance de nos alliés les Sakalaves, et d'obtenir pour les Français le droit d'être proprié-
taires à Madagascar. Or, après une guerre de
trois ans, nous renonçons tout à coup à nos
prétentions. Les Français ne pourront pas
posséder à Madagascar, mais seulement y
faire des baux. De plus, nous abandonnons des
alliés qui se sont compromis pour nous et dont
nous étions venus défendre les droits.

Par les traités de 1840 et 1842, toute la
partie septentrionale de Madagascar, y compris Diego Suarez bien entendu, était sous
notre protectorat, sans préjudice de nos droits
antérieurs sur tout le pays.

Aujourd'hui nous reconnaissons la souveraineté de la reine des Hovas sur toute cette
île, que nous déclarions possession française
depuis deux siècles. Nous avons, il est vrai, un
résident à Tananarive; mais le mot de protectorat n'est pas prononcé.

Voilà le beau succès dont le gouvernement
de la république se glorifie !

Si l'on veut la paix à tout prix, pourquoi ne pas faire au Tonkin une reculade analogue? Et si l'on veut coloniser, pourquoi renoncer à une conquête bien plus facile et plus avantageuse que le Tonkin?

D'ailleurs, cette paix, qui amoindrit le prestige de la France, est loin de résoudre la question de Madagascar. Nous n'étonnerons personne en affirmant que l'on ne peut avoir aucune confiance dans la bonne foi des Hovas. Ils ne respectent que la force, et, jusqu'à présent, nous ne leur avons guère appris à nous craindre. Dès qu'ils se croiront sûrs de l'impunité, ils se vengeront des Sakalaves et des Antankares, qui ont eu l'imprudence de nous fournir quelques compagnies d'auxiliaires (1).

Laisserons-nous massacrer ces peuples qui ont eu confiance en nous, et qui en sont déjà

---

(1) On se souvient que les Antanosses avaient mis comme condition à leur concours, que nous prissions l'engagement d'occuper Fort-Dauphin d'une manière permanente et d'y conserver un vaisseau de guerre. Ils doivent s'applaudir à présent de s'être défiés de la France.

punis par la perte de leur indépendance? On
objectera que, par le traité en question les
Hovas promettent de « les traiter avec bienveillance ». Mais le gouvernement français n'a
pas sans doute la naïveté de se faire illusion
sur la *bienveillance* des Hovas. D'ailleurs, notre
résident n'a pas le droit d'intervenir dans l'administration intérieure de l'île.

Puis, lorsque les troupes des Hovas seront
plus nombreuses, mieux exercées et mieux
armées, on verra probablement se renouveler
les vexations contre les Français, et peut-être
leur expulsion, comme cela a déjà eu lieu à
plusieurs reprises. L'influence anglaise, qui est
la cause secrète des complications actuelles,
y travaillera avec ardeur.

En 1825, en 1857, et en 1881, les Hovas
n'ont pas été effrayés par la disproportion de
leurs forces avec les nôtres. Aujourd'hui leur
situation n'est plus la même; ils ont conscience
des progrès qu'ils ont faits. Ils savent que
ces progrès ne vont pas s'arrêter. Les officiers
de la marine française estiment qu'en 1881

il fallait cinq mille hommes pour une expédition à Tananarive; en 1884, dix mille; aujourd'hui, quinze mille au moins. Dans quelques années, c'est cinquante mille hommes qu'il faudra envoyer. Alors on regrettera de n'avoir pas su agir lorsqu'il en était temps. Et, pour avoir reculé devant de légers sacrifices, on se trouvera aux prises avec des complications de la plus haute gravité.

Nous n'aurons plus d'alliés alors, car ils craindront d'être encore une fois abandonnés. Si nous n'avons plus d'alliés, où trouvera-t-on des porteurs? Et comment arrivera-t-on à Tananarive sans porteurs (1)? Si l'on y parvient, il faudra faire un siège en règle, et le feu de l'artillerie des Hovas sera sans doute plus meurtrier dans quelques années qu'aujourd'hui, où ils savent à peine se servir de leurs canons.

En résumé, nous avons perdu trois ans pen-

(1) On a vu plus haut que, d'après l'avis des officiers de marine, il faudrait presque autant de porteurs que de soldats pour une expédition à Tananarive.

dant lesquels nos adversaires ont commencé à organiser leur défense; il faut les vaincre avant que cette organisation soit terminée.

Le traité actuel n'est heureusement pas encore ratifié par les chambres. Il faut espérer qu'elles sauront sauvegarder l'honneur de notre drapeau, et maintenir nos droits séculaires sur la grande île africaine.

Dieu veuille qu'elles n'aient pas oublié déjà les éloquentes paroles que M. de Mun prononçait dernièrement à la tribune (1) : « Ce qui m'émeut dans cette question de Madagascar, c'est l'honneur et la dignité de la France, qui m'y paraissent directement engagés; c'est le souvenir des vieilles traditions écrites sur les rivages de cette terre lointaine. C'est la pensée qu'il y a là un morceau du patrimoine national, dont, en prenant le pouvoir, vous avez reçu la charge, et qu'il ne vous est pas permis d'abandonner ou de laisser amoindrir. »

(1) Le 24 mars 1884.

TABLE DES MATIÈRES.

CHAPITRE VI.

CHAPITRE VII.

CHAPITRE VIII.

CHAPITRE IX.

CHAPITRE X.

CHAPITRE XI.

CHALLAMEL AINÉ, ÉDITEUR

LIBRAIRIE COLONIALE, 5, RUE JACOB, PARIS

Madagascar, par Raoul POSTEL, ancien magistrat à Mayotte. 1 vol. in-18 avec carte . . . . 3 fr. 50

La France orientale (Madagascar), sa situation, ses produits, ses habitants, ses mœurs. 1 vol. in-18, par E. LAILLET, ingénieur-explorateur de Madagascar . . . . 3 fr. 50

La Question de Madagascar, par J. ERESI . . . . . . du *Courrier du Havre*. In-8º. . . . . 2 fr.

Documents sur la Compagnie de Madagascar, par M. le baron DE RICHEMONT, sénateur, ancien gouverneur de la colonie de Madagascar, précédés d'une notice historique. 1 vol. grand in-8º. . . . . 7 fr.

Colonisation de Madagascar, par D. LAVERDANT, membre de la Société maritime. In-8º avec une carte. . . . . . 3 fr. 50

Madagascar, par Louis PAULIAT. Brochure gr. in-8º. . 3 fr.

Documents sur l'histoire, la géographie et le commerce de la partie occidentale de Madagascar, par M. GUILLAIN, capitaine de corvette. 1 vol. grand in-8º, avec carte. . . . . 12 fr.

Histoire et géographie de Madagascar, par M. Henri D'ESCAMPS, ancien fonctionnaire de la marine et des colonies, etc. 1 vol. in-18 avec carte. . . . . 6 fr.

Les pays lointains : La Californie, Maurice, Aden, Madagascar, par L. SIMONIN. 1 vol. in-18 . . . . . 3 fr.

Carte de Madagascar, par LAILLET et SUBERBIE, explorateurs de l'île. 1 feuille en couleurs. . . . . 0 fr.

Typographie Firmin-Didot. — Mesnil (Eure).